Für meine Oma und meinen Opa,

die mich lieben lehrten!

Für meine Mama und meinen Papa,

die mich leben lehrten!

Für meine Schwester und meinen Ehemann,

die mich unterstützten!

Für meine Tochter und meinen Sohn,

die mich inspirierten!

Ich bin Gott sehr dankbar

für meine große und wunderbare Familie!

Rinata Güttlein

Intermediale Kunsttherapie

Problementdeckung durch das Verkörpern

von Nachtträumen mittels Fotografie

Mit 44 Abbildungen

Bibliografische Information der Deutschen Nationalbibliothek:

Die Deutsche Nationalbibliothek verzeichnet diese Publikation in der Deutschen Nationalbibliografie; detaillierte bibliografische Daten sind im Internet über http://dnb.dnb.de abrufbar.

Illustration: Rinata Güttlein

Edition: Sergej Güttlein

1. Auflage Januar 2019

Herstellung und Verlag: BoD – Books on Demand, Norderstedt

ISBN: 978-3-7481-0824-5

Inhalt

Vorwort

Als ich meine Masterarbeit zu schreiben begann, hatte ich noch nicht daran gedacht, dass ich daraus eines Tages ein Buch machen werde. Das war eine schöne und sehr anspruchsvolle Erfahrung für mich. Je weiter ich mich in die Arbeit hinein vertiefte, desto mehr verstand ich: „Oh ja, es wäre schön, wenn es so ein Buch irgendwann geben würde!" Lange Zeit überlegte ich, wie ich meine Arbeit in dem Buch präsentieren sollte: wissenschaftlich, humoristisch, skeptisch, mit vielen Fragen oder sonst noch irgendwie? Als ich dann aber die ersten Sätze schrieb, beschloss ich, meine Masterarbeit so darzustellen, wie sie von mir fertig geschrieben wurde, ohne etwas daran zu verändern.

Im Oktober 2016 sah ich einen Traum. Ich träumte schon immer viel und intensiv, dieser Traum war diesmal aber anders. Ich hatte das Gefühl, dass dieser Traum mir eine wichtige Information mitteilen wollte. Ich suchte nach Instrumenten, mit welchen ich diese Information gewinnen konnte. Im Rahmen meines Studiums lernte ich eine gut geeignete Methode für die Arbeit mit Träumen kennen, auf die ich näher in meiner Masterarbeit einging. Diese Methode wandte ich dann an meinen Traum an. Kurz beschrieben, geht es um eine bildliche Darstellung eines Traums: Zuerst malt man den Traum, dann arbeitet man mit dem Bild und stellt sich an jede Stelle des Bildes hin, als ob man ein Teil des Traums ist, wie z.B.: der Baum im Traum – das bin ich, ein anderer Mensch im Traum – das bin ich, der Himmel im Traum – das bin ich auch usw. Danach findet ein Gespräch statt, während dessen der/die Träumer/Träumerin die Geschichte des Traums aus der Perspektive jedes Trauminhaltes erzählt, z.B., was die Person im Traum als Baum oder Himmel sah und fühlte. So spielte ich meinen Traum durch, aber es war mir nicht genug, sodass ich noch weiter und tiefer gehen wollte. Das wollte ich nicht nur in meinen Gedanken tun, sondern auch die Idee "Arbeit mit dem Nachtraum so, wie noch nie gearbeitet wurde!" verwirklichen, um daraus Ergebnisse zu bekommen, die dann in der kunsttherapeutischen Praxis eingesetzt werden könnten. Ich konzentrierte mich auf einen Traum von mir selbst. Jeden Tag, von früh bis spät in die Nacht, überlegte ich, was ich noch mit diesem Traum machen konnte und was mir die neue Information brachte? Ich fragte mich immer wieder, ob ich wirklich daraus etwas Brauchbares und Sinnvolles bekommen könnte? Ich dachte, dass diese Information, die ich schon hatte, zu oberflächlich war und nichts erklärte. Als ob ich etwas beschrieb, was gar nichts mit dem Traum zu tun hatte, dass ich nur eine kleine Tür öffnete und das Wichtigste gar nicht sah. Eigentlich brauchte ich nicht so viel Zeit, um zu verstehen, dass ich einfach das tun sollte, was ich sehr liebe und gut kann. Das ist der Prozess des Fotografierens. Für mich persönlich ist es bereits eine Therapieform, mit meiner Kamera spazieren zu gehen und mit der Umgebung durch das Kameraobjektiv zu kommunizieren. In dem Moment, in dem ich knipse, denke ich nicht daran, wie das Foto aussehen soll, sondern ich stelle mir schon das Bild, das ich mache, in meiner Imagination vor und fühle in dieser Sekunde: Hier und jetzt passiert etwas! Eine bekannte Fotografin stellte mir die Frage: „Warum suchst du dir eine bestimmte Perspektive für das jeweilige Bild aus?" Ich wusste nicht, was ich antworten sollte, und sagte nur, dass ich dafür keine Perspektive aussuche. Das Bild findet mich selbst, ich nehme es einfach so wahr, wie ich mich in dem Moment fühle. Genauso funktionieren, wie ich vermute, die Beziehungen zwischen

2

Nachttraum und Träumer. Wenn ich mir vorstelle, dass ich einen besonderen Traum, den ich vor einem Jahr sah, heute Nacht wieder sehen würde, würde ich diesen Traum ganz anders wahrnehmen und verstehen. Irgendwie fühlte ich, dass Nachtträume genauso real sind, wie die Fotos, die wir machen. Wir sehen unsere Träume, wir erinnern uns (oft oder selten) daran, was wir in den Träumen sahen. Dieses Bild gibt es nur in unserem Kopf, wir können darüber nachdenken und sprechen, aber das, was wir in unseren Träumen sahen, existiert nicht hier und jetzt in unserer Realität. Wenn wir ein Foto anschauen, können wir auch über dieses Bild viel nachdenken und diskutieren, wir verstehen aber, dass es schon vorbei ist, und dass es hier und jetzt schon einen anderen Moment (vielleicht einen anderen Platz, ein anderes Jahr, andere Menschen usw.) gibt und eigentlich das Bild vom Foto nicht mehr real, sondern nur eine Erinnerung ist. Ich hatte so viele Gedanken dazu, dass das Einzige, was ich machen wollte und konnte, nur die Idee war: Experimentieren! Was bringt mir das, wenn ich meinen Traum fotografiere? Ich dachte zuerst nur an das fertige Bild, wollte meinen Traum als Foto sehen, als ob ich das nicht träumte, sondern diese Situation in meiner Wirklichkeit passierte, und ich als Nachweise dafür dann die Fotos haben werde. Wie sehr ich mich doch wunderte, als ich verstand, dass nicht nur diese Ergebnisse (die Fotos), sondern auch der Prozess des Fotografierens sehr wichtige Aspekte des Lebens offenbaren, (wenn man als Held seinen eigenen Traum physisch durchspielt, ja eigentlich sogar körperlich, seelisch, psychisch durchlebt, nein-nein, nicht spielt, sonder wahrhaft fühlt, was und wie es in der Realität ist.) Es gab keine Bedenken mehr: „Ah, wie wird das alles als Foto aussehen, was werde ich fühlen, was finde ich?!" Dank der bereits verrichteten Arbeit hatte ich schon genug

3

gesehen und gefühlt, um zu verstehen, dass ich in meiner Tiefe so eine für mich fremde Welt habe, die Welt, die niemand sieht, die Welt, die ich selbst noch nicht sah. Ich brauchte keine Vermutungen und Überlegungen mehr, was mein Traum bedeuten konnte, warum ich diese Geschichte träumte. Alle Antworten waren für mich schon da, ich musste einfach mutig und bereit sein, diese Antworten zu akzeptieren und keine Angst vor ihnen zu haben. Parallel zu diesem Traum entstanden irgendwelche Situationen in meinem realen Leben, die scheinbar nichts mit dem Traum zu tun haben, dann aber doch mit dem Traum irgendwie verbunden waren. In einem Moment verstand ich ganz eindeutig, dass es wahrscheinlich schon ausreichend ist, die Informationen aus einem Traum einfach zu entnehmen, ohne sie zu analysieren und ohne etwas Tieferes zu suchen, denn hier und jetzt gibt es bereits die Möglichkeit, den Traum zu deuten. Es kann nichts Falsches sein! Der Traum gehört Dir und nur Du weißt, was Dein Traum für Dich bedeutet und welche Informationen er mit sich bringt. Man braucht nicht zu weit von sich selbst wegzugehen. Denn irgendetwas geschieht schon jetzt!

Ich wollte mit dieser Arbeit etwas Besonderes schaffen, etwas, was für die Kunsttherapie wichtig sein könnte, etwas, was den Menschen helfen würde. Aber dann verstand ich, dass ich nicht über meinen eigenen Schatten springen kann. Das muss ich auch nicht.

Danach erinnerte ich mich, wie ich einmal mit meiner Mutter auf den Kahlenberg fuhr, von dem aus man die beste Sicht auf Wien hat, um die Stadt von oben anzusehen. Damals sagte ich zu ihr: "Mama, komm, lass uns jetzt aussteigen! Obwohl es noch keine Endstation ist, ist hier die Aussicht aber auch schön!" Mama antwortete mir: "Je höher es ist, desto besser muss es sein!" Spontan kamen zu mir die Gedanken, die ich als Begründung für die Publikation dieses Buches nahm: "Wenn man die Schönheit genießen möchte, muss man nicht nach einem perfekten Punkt dafür suchen, man kann einfach aussteigen und etwas Schönes schon hier sehen!" Wir stiegen aus und die ganze Stadt war für uns da. Das war der perfekte Platz, um sich Wien anzuschauen, an einem wunderschönen Ort in Wien namens Cobenzl. An diesem Tag verstand ich, dass es sehr einfach ist, die Schönheit zu finden: Einfach stehen und schauen.

Ich und meine Mama springen über Wien.

Genauso kam ich zur Idee mit diesem Buch: Egal, wie weit ich mit meiner Forschung bin, ich werde immer noch nicht genug Informationen haben, um zu sagen: „Jetzt bin bereit, darüber laut zu sprechen!" Ich wage es schon jetzt, damit offen zu kommen und zu sagen: „Hier ist eine experimentelle Arbeit, die ich als Masterarbeit zum Abschluss meines Kunsttherapie-Studiums an der Sigmund Freud Universität Wien schrieb."

Es gibt in der Arbeit genug Mängel, die kritisiert werden sollen. Die Ergebnisse der Arbeit sind nur meine Vermutungen und Hypothesen. Diese möchte ich aber mit Ihnen trotzdem teilen.

So sieht meine Masterarbeit aus und ich wünsche Ihnen viel Spaß beim Lesen!

Abstrakt

Die vorliegende Masterarbeit beschäftigt sich mit der Entwicklung einer neuen kunsttherapeutischen Methode für die Traumbearbeitung.

Die Frage nach der Effektivität dieser Methode ist von besonderem Interesse, weil der Prozess des Fotografierens in der Traumbearbeitung in dieser Form noch nicht untersucht wurde. Die Ergebnisse dieser Untersuchung zeigen, dass diese therapeutische Methode als ein effektives Werkzeug in der Kunsttherapie eingesetzt werden kann, um Probleme durch das Verkörpern von Nachtträumen mittels Fotografie zu entdecken.

Der erste Teil der Arbeit widmet sich der theoretischen Klärung des aktuellen Wissenstandes zu den Themen: „Träume", „Kunsttherapie und Traumarbeit" sowie „Fotografie". Als Grundlage für den theoretischen Teil werden Traumforschungen von Strümpell (1774), Freud (1998), Jung (1997), Vollmar (2011) und anderen Autoren genommen. Als Beispiele für den Zusammenhang zwischen Träumen und Kunst werden verschiedene Richtungen in der Kunst gewählt, die zeigen werden, wie Kunst und Traum miteinander kommunizieren können.

Im Fokus des praktischen Teils liegt die Körperarbeit beim Fotografieren des Trauminhalts. Mit Hilfe von Probanden/Probandinnen werden die therapeutischen Anteile der Methode untersucht und analysiert.

Anhand dieser Analyse wird versucht, die Hauptfragen dieser Forschungsarbeit zu beantworten und neue Ideen für weitere Untersuchungen zu entwickeln.

Abstract

This master thesis covers the topic of the development of the new art therapy method in the field of dream therapy. The special topic of interest is the effectiveness of this method, as the use of photography has never been examined in the dream therapy in this form before. The results of the study show that this method can be used as actual tool in art therapy by trying to visualize patient's night dreams through the means of photography.

The first part of this thesis devotes itself to the theoretical analysis of the following topics: „Dreams", „Art therapy and dream work" as well as „Photography".

Works by von Strümpell (1774), Freud (1998), Jung (1997), Vollmar (2011) and other authors are chosen as the basis for the theoretical part. Different styles of art are chosen to show the connection between art and dreams and how they can interact with each other.

The practical part of this thesis is focused on the method of photographing the content of subject's dreams. The therapeutic parts of this thesis will be studied and analyzed with help of volunteers and test subjects.

This analysis will be used to answer the question presented in the thesis as well as it will help to develop new ideas for future research.

Danksagung

Ich danke allen Menschen, die diese Studie ermöglichten und mich während des gesamten Arbeitsprozesses begleiteten.

Zunächst bedanke ich mich bei meiner Betreuerin Frau Ina Tilmann, Psychologin M.Sc., Intermediale Kunsttherapie M.A., die mich im Forschungsprozess unterstützte und immer für alle meine Fragen offen war.

Ebenfalls möchte ich der Gesundheitspsychologin und Tanzpsychologin Mag.a Virginie Roy-Nigl dafür danken, dass sie von meinem Thema so begeistert war und mir immer half, wenn ich ihre Hilfe brauchte. Ich bekam von ihr viele praktische Empfehlungen für den empirischen Teil meiner Arbeit und schätze sie sehr dafür!

Außerdem gilt mein herzlicher Dank der Kunsttherapeutin und Psychotherapeutin Ursula Bast, die mir sehr half, den praktischen Teil meiner Untersuchung in der Selbsterfahrung zu erleben.

Ich danke sehr der Kunsttherapeutin, Künstlerin und Supervisorin Doris Deixler, die mich im Prozess des Studiums begleitete und mir ihre Zeit und Raum gab.

Für das Lernen zu experimentieren und keine Angst davor zu haben danke ich Herrn Mag.art. Gerhard Leixl.

Mein besonderer Dank gilt allen Teilnehmerinnen und Teilnehmern, die das Vertrauen und Mut hatten, so offen und ehrlich für die Realisierung des praktischen Teils meiner Arbeit zu sein! Ohne sie hätte ich diese Studie nicht durchführen können.

Ein riesiger Dank gilt meinem Ehemann Sergej, der an mich immer glaubt und immer bereit ist, mir in allen möglichen Dingen zu helfen!

Ich bin auch meinen Kindern sehr dankbar und sehr stolz auf ihre Geduld!

Ich danke vor allem meinen Eltern, die einfach immer für mich da waren, egal was ich von ihnen brauchte!

Meiner lieben Schwester danke ich auch sehr, dass sie mich immer motivierte, besser zu schreiben!

Diese Arbeit möchte ich meinen Großeltern widmen: *Ich liebe euch, Oma und Opa!*

1. Einleitung

Die vorliegende Studie beschäftigt sich mit einer Untersuchung von einer neuen kunsttherapeutischen Methode für Traumbearbeitung. Als Hilfsmittel für ein tieferes Verstehen des Traums wurde eine Fotokamera eingesetzt. Für die Untersuchung wurde eine qualitative Forschungsmethode angewandt.

Im theoretischen Teil der Arbeit werden allgemeine Informationen über die Traumarbeit berichtet. Es werden auch Beispiele für „Träume in Kunst" präsentiert und beschrieben. Außerdem werden die Themen „Kunsttherapie in Traumarbeit" und „Fotografie" behandelt.

Für den praktischen Teil wurden vier Personen gewählt, die ihre eigenen Träume für die Untersuchung zur Verfügung stellten. Sowohl die Träume als auch die Traumarbeit werden detailliert beschrieben. Zum Schluss der Studie folgt eine Auswertung der Daten und eine Analyse der Träume.

1.1 Fragestellung

Die Hauptfragestellung der Arbeit lautet: Ist es möglich, durch das Verkörpern von Nachtträumen mittels Fotografie Probleme in der Realität zu entdecken?

Im Hinblick auf diese Frage stellen sich weitere Fragen bezüglich bestimmter Aspekte, die ein kunsttherapeutischer Prozess allgemein und mit der vorgestellten Methode beinhaltet. Diese werden im Folgenden benannt:

o Wie tief darf der Therapeut/die Therapeutin bei dieser Arbeit gehen?

o Wo sind die Grenzen des Therapeuten/der Therapeutin und des Klienten/der Klientin?

o Wie läuft der Fotoprozess in der Traumbearbeitung ab und was bringt dieser Prozess dem Klienten/der Klientin?

o Ob der Prozess „Fotografieren der Träume" hilft, eigene Träume tiefer zu spüren, wenn der Traum in Form eines realen Fotos betrachtet wird?

o Welche Reaktionen entstehen beim Klienten/bei der Klientin während der Konfrontation mit dem fertigen Traumbild?

o Welche Lebensperspektiven kann die Methode dem Klienten/der Klientin bringen?

o Welche Veränderungen können im Leben des Klienten/der Klientin durch diese Methode geschehen?

1.2 Hypothesenbildung

1. Hypothese: Der Nachttraum ist ein Hilfsmittel, um das Problem in der Realität zu finden und zu akzeptieren.

2. Hypothese: Intermediale Kunsttherapie kann als eine mögliche Form für die Traumbearbeitung gelten.

3. Hypothese: Die Verkörperung der Nachtträume mittels Fotografie hat einen positiven Effekt, der hilft, den Traum mit dem Körper in der Realität zu spüren, folglich den Traum tiefer zu verstehen und besser zu deuten.

Durch die Bearbeitung eines Traums werden Klienten und Klientinnen in verschiedene Situationen des Lebens versetzt. Jeder Teil der Arbeit bringt neue Ideen, wie und wodurch Assoziationen zwischen den Trauminhalten und dem realen Leben gebildet werden können. Es wird vermutet: Je tiefer ein Traum analysiert wird, desto mehr nützliche Informationen können erhalten werden.

1.3 Was, warum und wozu?

„Mama, ich habe einen Traum gesehen, als ob ich fliegen konnte und dann bin ich in meinem Traum geflogen und nicht runtergefallen... Das ist aber ein Wunder!"

„Schön, mein Schatz! Das bedeutet, dass du wächst!"

Autorin

Egal, ob Menschen irgendwann von Sigmund Freund und seinen Theorien hörten oder nicht, kennen sie meistens das Gefühl, „dass ihre Träume ihnen etwas mitteilen wollen" (Rainer. 2012; https://www.lasf.at/wp-content/uploads/2017/01/SN_12_04_Rainer.pdf abgerufen am 14.06.2018). Es ist jedoch äußerst schwierig, den Sinn eines Traums richtig zu interpretieren, seine Ursache herauszufinden oder die damit verbundene Botschaft zu erkennen (ebd.).

Die Wiener Psychotherapeutin Barbara Rainer (2012) regt in ihrer Arbeit dazu an, zu versuchen, sich mit den Traumdeutungen auseinanderzusetzen, weil „diese neue Aspekte oder ungenutzte Ressourcen, „ungeheilte Anteile" oder neue Wege zeigen" können (ebd.). Dieser Anregung zufolge wird in dieser Masterarbeit eine solche Auseinandersetzung angestrebt.

1.4 Problemstellung des Themas

Jeder Mensch hat den Wunsch, glücklich zu sein. Leider wird oft nichts dazu gemacht. Glücklich und frei zu sein, ist eine große Arbeit. Zuallererst ist das die Arbeit an sich selbst. Heutzutage gibt es viele Menschen, die gestresst sind. Diese Menschen sind unsere Familienmitglieder, Freunde, fremde Menschen auf der Straße. Diese Menschen sind wir. Dieser Umstand wird z. B. durch den Psychologen Temmen deutlich, wenn er sagt: „Ich erwache früh am Morgen und ich bin traurig, ich weiß nicht warum, es gibt eigentlich keinen Grund. Ich sinne darüber nach, warum ich leide" (Temmen, 2010, S. 6).

Es gibt im Leben jedes Menschen viele Fragen, die vielleicht niemals gefragt werden. Die sogenannten nicht gestellten Fragen, die keine Antworten haben, obwohl nach diesen Antworten bewusst oder unbewusst gesucht wird. Bei dieser Suche nach den Antworten können auch Ängste und Unsicherheit entstehen (vgl. Walsum, 2011, S.37).

Wie kann das passieren? Die Menschen gehen in diesen Zustand weiter und tiefer. Wann und wie kann unterschieden werden, ob es sich dabei um eine Depression oder einfach schlechte Laune handelt? „Depressionen sind die häufigste psychische Störung im erwachsenen Alter" (Stoppe, Bramesfeld, Schwartz, 2006, S. 1). Häufig sind die Gründe für das Geschehene nicht bewusst. Werden die Ängste und Unsicherheiten größer und kann das Geschehene nicht verarbeitet werden, können psychische Probleme entstehen (vgl. Schaub, Roth, Goldmann, 2013, S. 213). „Die Angst vor Eventualität spiegelt immer nur die unbewusste Ahnung wider, dass es hinter dem Stoff der Welt noch etwas gibt, das der Mensch noch nicht wahrgenommen hat" (Schäfer, 2017, S. 304).

Instinktiv suchen die Menschen nach verschiedenen Wegen, um sich auszuruhen, zu retten und zu überleben, die Hoffnungslosigkeit macht aber noch mehr müde. Sie „begleitet die depressive Episode wie das Fieber die Grippe" (Hegerl, Althaus, Reiners, 2006, S. 21). Zu einem gewissen Zeitpunkt schafft die Psyche das Ganze nicht mehr und der Mensch begegnet diesem Zustand Auge in Auge, bleibt allein, ohne Kraft und Energie, ohne Wünsche etwas zu verändern. Es gibt keine Lust mehr, Spaß zu haben, weil es kein Vertrauen zu sich und in sich selbst mehr gibt, keinen Glauben mehr, dass etwas helfen könnte. „Wenn man kein Vertrauen in sich selbst hat, hat man nicht den Mumm etwas zu tun" (Fries, 2015, S. 400). Der/die Betroffene geht in diesem Fall möglicherweise (selbst oder begleitend) ins Spital, um medizinische Hilfe zu erhalten. Es kommt vielleicht Zeit, Antidepressiva einzunehmen. Das ist der Punkt, an dem die Lösung des Problems ohne Medikamente eventuell nicht mehr gefunden werden kann.

1.5 Zielsetzung der Arbeit

Der erste Schritt auf dem Weg, um sich besser zu fühlen, ist der, die Kenntnis zu bekommen, was genau zum niedergeschlagenen Zustand bringt. Damit wird begonnen, an sich selbst zu arbeiten. Wie und wo wird diese Kenntnis gefunden? Wer zeigt, in welche Richtung zu gehen ist?

„In den Jahrzehnten nach dem Ersten Weltkrieg dokumentierten deutsche Psychologen, dass eine Person, die mit einem verwirrenden und scheinbar unlösbaren Problem konfrontiert ist, plötzlich realisieren kann, dass sie es aus dem falschen Blickwinkel betrachtet hat und die Lösung in Wirklichkeit ziemlich offensichtlich ist. Ein Problem zu lösen, hat viel damit zu tun, wie man es "sieht"" (Kounios, Beeman, 2015, S.7f).

Es ist genauso wichtig, mit einer klaren Einsicht zu handeln. Dann wäre es vermutlich leichter zu suchen, womit gearbeitet werden soll. Außerdem könnte es auch hilfreich sein, einen präzisen Stoff zu benutzen, damit das Unbewusste einige Information öffnen kann. Dieser Stoff ist laut Freud (1998) z. B. in einem Nachttraum zu finden.

In der in dieser Masterarbeit vorgestellten und entwickelten Methode wird versucht, während der Nachtträume die Probleme, die die Realität stören, zu entdecken. Als Hilfsmittel wird dazu u.a. eine Fotokamera benutzt, um Nachtträume nachzustellen und dann zu fotografieren. Der Hauptaspekt des ganzen Prozesses liegt in der Möglichkeit, das Unterbewusste als Instrument für die Arbeit mit dem Bewusstsein zu benutzen.

„Deshalb wirkt das Arbeiten mit Träumen so entlastend und fördernd, weil dadurch der unbewusste Entwicklungsantrieb ans Bewusstsein angeschlossen wird und mit seiner Umsetzung angefangen werden kann" (Adam, 2006, S. 2).

Wenn das Problem erkannt wurde, wird mit Hilfe erhaltener Informationen weiter nach der Lösung dieses Problems gesucht.

„Laut Jung weist der Traum von sich aus auf die notwendige Lösung eines Konflikts und ist „eine spontane Selbstdarstellung der aktuellen Lage des Unbewussten in symbolischer Ausdrucksform" (Strigl, 2007, S. 169).

Der experimentale Teil der Arbeit wird im Kapitel „Methoden" beschrieben.

2. Theoretischer Teil

2.1 Träume

„Erzähle mir eine Zeitlang deine Träume,
und ich will dir sagen, wie es um dein Inneres steht."

(Pfaff, 1868, S. 60)

Mithilfe von Träumen gibt es eine Möglichkeit, die menschliche Psyche besser zu verstehen. Es gibt manchmal ambivalente Gefühle, wenn sich die Menschen nach dem Aufwachen gleichzeitig glücklich und traurig fühlen, wenn genauso viel Freude, aber auch Ängste kommen (vgl. Richter, 2013, S. 12). Der Autor Carsten Richter teilt in seinem Buch über Schlafen und Träumen die Meinung mit, alle Zustände, die in der Realität keine Erklärungen finden, „sind alle Folge aus unseren Träumen" (Richter, 2013, S. 12).

Dr. med. Klaus-Uwe Adam schreibt in seinem Buch „Therapeutisches Arbeiten mit Träumen: Theorie und Praxis der Traumarbeit", dass die Träume auch in dem Zustand der Desorientierung hilfreich sein können. „Durch die Träume kristallisiert sich ein Weg heraus, der dem inneren Suchweg entspricht" (Adam, 2006, S. 2).

2.1.1 Träume und das Unbewusste

„Der schöpferische Weg ist der beste dem Unbewussten zu be-
gegnen."

C. G. Jung

„Der Königsweg zum Unbewussten öffnet sich Freud, laut seinem berühmten Hinweis, durch die Traumdeutung" (Müller, 2011, S. 99). Im Jahr 1895 kommt Sigmund Freud zu den ersten Vermutungen, dass Träume Erscheinungsformen und Realisierungsversuche von Wünschen sein können. „Der Traum entstünde nicht, wenn der vorbewußte Wunsch sich nicht eine Verstärkung von anderswoher zu holen wüßte" (Freud, 1998, S. 543). Außerdem zeigen die Träume nicht nur das, was gewünscht wird, sondern auch die menschlichen Ängste. Wovor haben die Menschen Angst? Was macht Angst? Wo genau wird diese Angst gespürt? Normalerweise gibt es keine klaren Antworten darauf (vgl. Hegerl, Althaus, Reiners, 2006, S. 21). Vermutlich bilden Wünsche und Ängste zusammen einen Widerstand, denn „Angst, Widerstand und Wünsche können nur das Denken entstehen, ohne Gedanken gibt es sie nicht" (Kühn, 2012, S. 62).

Menschliche Gedanken, Gefühle und Emotionen finden für sich einen Platz im Traum (vgl. Holzinger, 2007, S. 69). Der Wachzustand ist eine Phase für Bearbeitung des Bewusstseins. In den Träumen gibt es die Möglichkeit, das Unbewusste zu finden und dann damit im Wachzustand schon bewusst zu arbeiten (vgl. ebd.).

„Im Traum verlieren wir nicht unser Bewusstsein, sondern begeben uns nur auf eine andere Ebene unseres Bewusstseins" (Vollmar, 2011, S. 38). Wenn aber das Bewusstsein im Traum versinkt, würde dieser Traum wahrscheinlich vergessen werden (vgl. ebd.). Könnte es in diesem Fall bedeuten, dass alle Träume, an die man sich nicht erinnert, von unbewusstem Niveau sind, und andere, die in Erinnerung bleiben, von bewusstem? Es scheint in diesem Fall so zu sein, dass alle Träume, die man nicht vergisst, die

Arbeit des Bewusstseins sind, das im Schlafzustand passiv arbeitet, trotzdem aber da ist (vgl. Adam, 2006, S. 12).

Ludwig Strümpell (1874), deutscher Philosoph und Pädagoge, schrieb,

> „dass die Thätigkeit der Seele im Wachen immerwährend zwischen dem Bewussten und dem Unbewussten schwankt, dass alles Bewusste im Wachen vom Unbewussten abhängt, vom Unbewussten begleitet wird, und dass alles Bewusste aus dem Unbewussten entspringt, welches jenem vorhergeht" (Strümpell, 1874, S. 13).

Laut Sigmund Freud ist das Bewusstsein ein Teil des Unbewussten. Freud glaubt, dass das Unterbewusste genauso real wie das Bewusstsein ist (vgl. Freud, 1998, S. 599).

> „Das Unbewusste ist der größere Kreis, der den kleineren des Bewußten in sich einschließt; alles Bewußte hat eine unbewußte Vorstufe, während das Unbewußte auf dieser Stufe stehenbleiben und doch den vollen Wert einer psychischen Leistung beanspruchen kann" (ebd.).

„Freud merkt, daß „unbewußt" nicht einfach „ungewußt" meinen kann" (Friebe, 2005, S. 25). Sogar wenn jemand schläft und unbewusst ist, macht das Bewusstsein seine eigene Arbeit ohne Pause weiter, das Unbewusste steht einfach in der Nähe und wartet, bis man schon müde genug ist. Dann beendet sich der Bearbeitungsprozess und es kann tiefer in den Schlafzustand gegangen werden, um sich endlich zu entspannen, zum Unbewussten zu gehen und weiter keine Informationen mehr zu speichern (vgl. ebd.).

„Unbewußtes ist nicht gewußt im üblichen Sinn von „Wissen", aber auch nicht einfach nicht gewußt; dies wäre eine falsch gestellte Alternative" (ebd.). Im Gegensatz dazu kann gesagt werden, dass es für jeden Menschen ein eigenes Bewusstes und genauso ein eigenes Unbewusstes gibt (vgl. Hutterer-Krisch, 2013, S. 532).

> „Wahrnehmung ist somit besser konzipiert als Prozeß, durch dessen Differenzierung in der individuellen Entwicklung eines Menschen der subjektbezogene Entwurf der Realität im und durch das Individuum erst entstehen kann" (ebd.).

Was für einige Menschen klares Wissen bedeutet, ist für andere eine sehr tiefe fremde Geschichte (vgl. ebd.).

> „Freud fordert uns auf, die „Wahrnehmung" psychischer Qualitäten durch das Bewußtsein mit der Wahrnehmung der Außenwelt durch die Sinnesorgane zu vergleichen" (Friebe, 2005, S. 38).

Wie nehmen die Menschen eigene Träume wahr? Wenn zwei Menschen einen gleichen Traum gesehen hätten, wäre die Traumdeutung für beide absolut unterschiedlich. Jeder von ihnen würde seinen Traum durch eigene Erfahrungen, Wünsche, Ängste und Gefühle interpretieren. Jeder findet ein Thema für sich. Jeder nimmt die Informationen so wahr, wie es in diesem Moment zum aktuellen Zustand bestens passt (vgl. Gassmann, 2011, S. 140).

> „Jeder Traum ist ein Fall solchen Wahrnehmungsirrtums, der gerade dadurch falsch ist, daß die als wirklich vermeinten Gegenstände nicht wirklich sind" (Friebe, 2005, S.42). Nimmt das Unbewusste in diesem Fall die Information vom Traum auch so wahr, wie es passt, oder ist es ein unkontrollierbarer Prozess und es gibt keine Möglichkeit, sich im Traum vor eventuellem Schmerz zu schützen?

„Der Traum ist der symbolische Ort, wo das instinktive Leben, das sich befreit hat aus so vielen Regeln, die seinen Ausdruck begrenzen, sich in symbolischen Darstellungen unmittelbar ausdrücken kann" (Benedetti, 2006, S. 47).

Außerdem ist es wichtig zu akzeptieren, dass es im Traum möglich sein kann, eigene Gefühle zu verspüren (vgl. Richter, 2013, S. 75). Gefühle im Traum spüren könnte bedeuten, den Traum zu verstehen (vgl. ebd.).

„Das Verstehen der Träume ermöglicht dem Menschen eine Zusammenführung seiner Existenz, welche ihm einen vollkommen neuen Status der Lebensqualität offerieren kann" (ebd., S. 1).

2.1.2 Erinnerungen der Träume

Wenn sich jemand mit eigenen Träumen beschäftigt und durch einen Traum eine Lösung oder eine Antwort finden möchte, ist das Erste und Wichtigste für die weitere Traumarbeit, sich an Träume oder wenigstens einen Teilinhalt von ihnen zu erinnern.

„Die Erinnerung der Träume bietet die Grundlage für jegliche Traumarbeit und Traumdeutung. Wenn man keine Träume erinnert, kann man auch keine Träume deuten" (Vollmar, 2011, S.263).

Alle Menschen träumen, nicht alle von ihnen können sich an eigene Träume erinnern. Es werden pro Nacht fünf bis sechs Träume gesehen, am nächsten Morgen bleibt aber kein Traum in Erinnerung, manchmal bleiben vielleicht nur Gefühle und Emotionen vom Traum, mit denen man weiter durch den Tag geht (vgl. ebd.). Klausbernd Vollmar beschrieb eigene Erfahrungen in seinem Buch „Das große Praxisbuch der Traumdeutung". Seiner Meinung nach gibt es drei Schwierigkeiten, die Erinnerungen der Träume blockieren, und zwar:

1. Die Traumbilder werden akzeptiert und nicht wahrgenommen, wenn sie beunruhigend sind.

2. Wenn die Trauminformation sprachlich schwer zu übersetzen ist, werden bildliche Trauminhalte vergessen.

3. Es wird kein Sinn gefunden, sich an eigene Träume zu erinnern, weil sie für einen wertlos sind. (vgl. ebd., S.264).

„Unsere Träume helfen uns außerdem Probleme des Alltags zu lösen. Alles, was uns belastet, wird von unserem Unbewussten bearbeitet. Das Ergebnis dieser Bearbeitung teilt uns das Unterbewusstsein im Traum mit. Probleme entstehen ja meistens dadurch, dass wir uns selbst und unsere Umwelt mit einer eingeschränkten Perspektive betrachten" (Vollmar, Lenz, 2008, S.6).

Eingehend stellte das Thema „Das Vergessen der Träume" Ludwig Strümpell dar (vgl. Freud, 1998, S. 59). In seiner Theorie beschrieb er, dass alle Traumgeschichten mit den Fällen des Wachzustands verbunden sind (vgl. Strümpell, 1874, S. 79). Er teilte die Traumbilder in „mehr und weniger stark und lebhaft" (ebd. S. 81). Die starken Traumbilder „stehen längere Zeit", die schwachen „verschwinden rasch" (vgl. ebd.).

„Die meisten Träume verrinnen wie eine Melodie, die ein ungeübtes und talentloses Ohr hört und dann vergisst. Sollte das Gedächtniss sie behalten, müsste sie öfter und öfter gehört werden" (ebd. S. 81)

Freud ging davon aus, „daß das Vergessen des Traums zum großen Teil Wiederstandsleistung ist" (Freud, 1998, S. 512). Genauer verdeutlichte er, das Vergessen der Träume hängt „weit mehr vom Widerstand als von der Fremdheit zwischen dem Wach- und dem Schlafzustand" ab, weil z. B. die Ich-Realität durch das Vorbewusste Triebe im Es bedroht, die im Traum auftauchen (ebd.).

> „Deutlich wird die Bedeutung des Wiederstandes gegen die Fusion, wenn man sich vor Augen führt, daß der Traum, in dem der Zensor der Realität als aufgehoben gilt, sich selbst schützt, indem er den Leib des Träumers motorisch fesselt" (Bohn, 2004, S. 36).

Werden die Träume wirklich vergessen oder ist es nur eine bequeme unbewusste Position, durch die besser gerechtfertigt werden kann? - „Ich habe es einfach vergessen!" Es geht im Wachleben auch oft so, dass bewusst „vergessen" gesagt wird, um zu erklären, warum etwas nicht gemacht wurde (vgl. Pritzel, Markowitsch, 2017, S.9).

Wenn der Traum eine Tür öffnet, kann hineingegangen werden, um sich auf die Suche nach Lösungen zu begeben (vgl. Wiegand, Michael H.; von Spreti, Flora; Förstl, Hans, 2006, S. 134). Es könnte auch sein, dass diese Tür unbewusst (genauso aber bewusst) geschlossen wird, weil jetzt gerade keine Kraft und Energie vorhanden ist, nach diesen Lösungen zu suchen. Wenn das Problem im Traum als sehr schwer erschien, kommt dann die Angst, dass das alles einfach nicht verarbeitet werden kann (ebd.). Die Erkenntnis läuft weg, weil hier im Wachleben alles schon gewöhnlich ist und passt, so weiter zu gehen, wie es immer war, ohne tief nachzudenken, warum der/die Betroffene aber ab und zu traurig oder nervös ist (vgl. Cave, 2010, S. 125).

„Wenn uns Erinnerung weh tut oder schwerfällt, neigen wir dazu, das Störende zu vergessen" (Tillich, 1987, S.

362). Hier geht es um einem Versuch zu überleben. Alles, was für den Menschen ein unerträglicher Schmerz ist, senkt den psychischen Zustand fast zum Tod. Die Angst „nicht mehr da sein" schockiert und blockiert weitere Gefühle in diese Richtung (vgl. Puritscher, 2008, S. 225ff).

> „Epikur hat den Tod auf die nüchterne Formel gebracht „Solange wir da sind, ist er nicht da, und wenn er da ist, sind wir nicht mehr" und daraus die Folgerung gezogen, dass er uns nicht angeht" (Stegmaier, 2008, S. 658).

Ist es deshalb vielleicht eine Möglichkeit, sich zu retten, indem der Traum, der zum „Tod" führt, einfach vergessen wird?

> „Erinnern und Vergessen sind zwei Begriffe, die eng miteinander verbunden sind und doch kontrastieren. Diese zwei Begriffe müssen zusammen analysiert werden, obwohl sie miteinander divergieren, denn nur wenn man sich erinnert, kann man auch etwas vergessen. Das Vergessen gehört also zu Erinnerung, ist Teil dieses Prozesses" (Prade, 2009, S.3).

2.1.3 Wiederkehrende Träume

> „Wiederkehrende Träume sind diagnostisch relevant, wenn sie in Zusammenhang mit dem traumatischen Ereignis stehen und den Patienten stark belasten" (Lueger-Schuster, Pal-Handl, 2004, S. 113).

Kanadischer Psychiater Norman Doidge meint in seinem Werk „Neustart im Kopf: Wie sich unser Gehirn selbst repariert", dass die „Patienten von wiederkehrenden Träumen über ihre Traumata verfolgt werden" (Doidge, 2017, S. 237). Die Träume wiederholen sich so lange, bis sich der Zustand des Patienten nicht verändert (vgl. ebd.).

Laut Carl Gustav Jung vermitteln die wiederholenden Träume die wichtigste Information (vgl. Jung, 1997, S. 34). Jung meinte, dass „...solche Träume gewöhnlich eine eigentümlich defekte Einstellung zum Leben kompensieren, oder sie auf ein traumatisches Erlebnis zurück gehen..." (ebd.).

Psychiater und Psychotherapeut Holger Bertrand Flöttmann berichtet in seinem Buch „Träume zeigen neue Wege-Systematik der Traumsymbole", dass der Träumer in einem wiederkehrendem Traum einen wichtigen, nicht gelösten Konflikt sehen kann (vgl. Flöttmann, 2010, S. 354).

Die Träume, die immer wieder kommen, weisen uns eindeutig darauf hin, „dass spezielle Alltagsprobleme vom Träumer nicht gelöst werden" (Vollmar, 2011, S. 122). Diese Träume werden wieder und wieder geträumt werden, bis sie im Wachzustand akzeptiert, verstanden und bewältigt sind (vgl.ebd.).

2.1.4 Träume in Kunst

„Die Kunst ist fast immer harmlos und wohltätig, sie will nichts anderes sein als Illusion."

Sigmund Freud

Wo ist die Grenze zwischen Traum und Wirklichkeit? Was ist wirklich und was ist irreal? Der chinesische Dichter-Philosoph Tschuang-Tse schrieb:

> „Heute Nacht habe ich geträumt, ich sei ein Schmetterling. Woher weiß ich jetzt, ob ich ein Mensch bin, der glaubt, geträumt zu haben, ein Schmetterling zu sein, oder ob ich ein Schmetterling bin, der jetzt träumt, ein Mensch zu sein?" (Mertens, 1999, S.9)

Wäre es möglich, diese Grenze durch die Kunst zu spüren? Die Surrealisten verwendeten oft bei dem Schaffen ihrer Kunstwerke optische Täuschungen dadurch, dass z. B. auf einem Bild „zwei unterschiedliche Motive oder Perspektiven gesehen werden können" (Kreuzer, 2014, S. 145).

2.1.4.1 Inspiration im Traum

Die Menschen vergessen eigene Träume so schnell und oft „so gründlich, daß wir uns nicht einmal mehr daran erinnern, in dieser anderen Welt gelebt zu haben" (Irwish. http://www.irwish.de/Site/Biblio/Fromm/Mythen.html abgerufen am 09.10.2017).

Es wird manchmal über die eigene Inspiration so gesprochen, dass man nicht weiß, woher sie kommt. Man nimmt einfach den Pinsel und malt Bilder oder schreibt Geschichten, sitzt am Klavier und fängt an zu spielen (vgl. Müller-Freienfels, 2013, S. 178ff). Könnte es eventuell sein, dass die Produkte, die Menschen durch Inspiration schaffen, von ihnen zuerst geträumt und dann vergessen werden, und erst später durch inspirierende Prozesse in Wirklichkeit realisiert werden?

„Träume werden in der Regel sofort wieder vergessen, sie verfliegen, während bei der Inspiration nicht nur die Möglichkeit, nein, oft der Zwang besteht, sie in die Tat umzusetzen" (ebd., S. 180).

Wenn der Traum aber in Erinnerungen bleibt, kann er die Menschen inspirieren.

„Immer wieder liest oder hört man, ein Dichter sei im Traum inspiriert worden oder habe ihm unbekannte Verse im Traum gelesen oder rezitiert" (Schimmel, 1998, S. 116).

2.1.4.2 Träume und Schreiben

Es gibt viele Beispiele, bei denen Schriftsteller und Schriftstellerinnen durch ihre Träume zum Schreiben inspiriert werden. Vollmar verdeutlicht: „Übrigens gingen viele bekannte Schriftsteller von ihren Träumen aus, die sie dann bis ins Detail ausgestalteten" (Vollmar, 2011, S. 208).

Herder gilt der Traum als „Vorbild aller Dichtung" (von Siebenthal, 1953, S. 129). Viele seiner Gedichte verfasste er, nachdem er durch seine Träume begeistert worden war (vgl. ebd.). In seinem Werk „Der grüne Heinrich" benutzte G. Keller seine eigenen Träume an der Stelle, die eine psychologische Wichtigkeit hatte (vgl. ebd.). Auch in der klassischen japanischen Poesie gilt der Traum als ein gängiges Motiv (vgl. Müller, 2005, S. 18).

> „Hebbel und Schopenhauer haben mit intuitivem Verständnis eine fundamentale Tatsache entdeckt. Traum und Dichtung sind fast identische psychische Mechanismen" (Stekel, 2012, S. 3)

Der österreichische Dichter Franz Kafka verwendete ebenso seine Träume, um seine Romane „Der Prozess" und „Das Schloss" zu schreiben (vgl. ebd.).

2.1.4.3 Träume und Malen

> „Welch ein faszinierendes Sujet die Träume seit jeher für die bildende Kunst gewesen sind, demonstriert Hans Förstl in seinem kurzen Überblick über Traumdarstellung in der Kunstgeschichte" (Wiegand, von Spreti, Förstl, 2006, S. 3).

Während des Traums gibt es keine Bilder, sondern eine reale, häufig unterdrückende oder dramatische Situation (vgl. von Uslar, 2010, S. 267). Dabei können Träume wahrscheinlich am schnellsten dargestellt werden, wenn sie gemalt oder gezeichnet werden (vgl. Holzinger, 2007, S. 153). Laut zwei berühmten Schriftstellern Heine und Baudelaire müsste „der wahre Künstler „ganz nach innerer Traumanschauung" malen" (Tempian, 2005, S. 185). Zu solchen Künstlern gehörte beispielsweise Jean-Antoine Watteau, Maler des französischen Rokoko, der keine Realität, sondern eigene Träume malte (vgl. Muther, 1922, S. 23). „Der Traum einer ganzen Generation hat in ihnen Gestalt gewonnen, weil er selbst nicht Erlebtes, nur Sehnsuchtsträume, seine Träume von Schönheit und Liebe malte" (ebd.).

Abbildung 1: „Einschiffung nach Kythera" Jean-Antoine Watteau, 1718
Öl auf Leinwand, 130 × 192 cm, Schloss Charlottenburg, Berlin

Träume sind eine Möglichkeit für die Surrealisten, Inspiration zu bekommen und Motive für ihre Bilder zu haben.

Diese Möglichkeit benutzte Salvador Dalí. In seinen Bildern stellte er „die Welt des Unbewussten und Unterbewussten" durch eigene Träume dar (vgl. Schwalm, 2014, S. 308).

> „Dali repräsentierte die große Sehnsucht nach totaler Extravaganz, er stellte sein ganzes Wirken in den schwer verständlichen, aber grandiosen Geist der Opponierenden" (ebd.).

Salvador Dalí entwickelte eine „paranoisch-kritische Methode", die selbst er als irrationales Wissen bezeichnete (vgl.   roots-the-doots.tripod,   http://roots-the-doots.tripod.com/dal_para.htm abgerufen am 09.10.2017). „Sie stellt somit einen, für den Surrealisten neuen und einzigartigen Weg der Weltanschauung dar" (ebd.). Das erste Mal erklärt Dalí die paranoisch-kritische Methode in seinem Essay „Die Eroberung des Irrationalen" (1935):

> „Mein ganzer Ehrgeiz auf dem Gebiet der Malerei besteht darin, die Vorstellungsbilder der konkreten Irrationalität mit der herrschsüchtigsten Wut der Genauigkeit sinnfällig zu machen... Vorstellungsbilder, die vorläufig weder durch Systeme der logischen Anschauung noch durch rationale Mechanismen erklärbar oder ableitbar sind" (ebd.).

und erklärt: „Paranoisch-kritische Aktivität bedeutet: spontane Methode irrationaler Erkenntnis, die auf der kritisch-interpretierenden Assoziation wahnhafter Phänomene beruht" (ebd.).

Das heißt, dass imaginäre Momentaufnahmen auf psychologisch relevante Objekte projiziert werden, um diese Momentaufnahmen somit deutend erklären zu können. Diese Phänomene beinhalten bereits die komplette Struktur und Systematik und vergegenständlichen sich lediglich von vornherein durch den Einsatz der Kritik.

Praktisch lief der Prozess so ab, dass Dalí „im Lehnstuhl sitzend, einen Zinnteller neben sich auf den Fußboden stelle, einen Löffel zwischen Daumen und Zeigefinger nahm und sich dann zurücklehnte. Sobald er einnickte, lösten sich die Finger, der Löffel fiel auf den Teller, und Dali erwachte. Der während dieses Augenblicks zwischen Einnicken und Erwachen genossene Schlaf soll so erfrischend gewesen sein, daß sich der Maler ausgeruht und munter erhob. Ein wahrlich surrealistischer Erholungsschlaf!" (Becker, Joachim. 2014; https://schlafkampagne.de/schlafen/prominentenschlaf.php abgerufen am 09.10.2017).

Abbildung 2: „Meditative Rose" Salvador Dalí, 1958
Öl auf Leinwand, 130 × 192 cm
Sammlung Mr. and Mrs. Arnold Grant Collection, New York.

Jeanette Schulz, bildende Künstlerin (studierte Malerin und Neurowissenschaftlerin) berichtet im Buch von Brigitte Holzinger „Anleitung zum Träumen: Träume kreativ nutzen.", dass sie eigene Träume „als Inspirationsquellen nutzt", und dass sie viele Geschichten zuerst träumte und dann malte (vgl. Holzinger, 2007, S. 153).

„"Ich weiß auch nicht, wie das geht. Jedenfalls, wie kann ich das erklären - ich denke über etwas nach und mache mir Skizzen, bin aber unzufrieden. Im Traum dröselt sich dann auf. Ich muss aber auch intensiv genug drüber nachdenken. Dann finde ich plötzlich im Traum eine absurde Klarheit. Dann sehe ich das richtig vor mir und weiß, wie es weitergeht." Jeanette Schulz" (Holzinger, 2007, S. 154).

2.1.4.4 Träume und Musik

Reinhard Steinberg nimmt Bezug auf einen eigenartigen Vergleich zwischen Musik und Traum: „Beide sind flüchtig, verklingen sofort nach dem letzten Takt, lassen aber eine oft lang anhaltende, nicht mit Wortern beschreibbare Stimmung in uns zurück..." (Wiegand, von Spreti, Förstl, 2006, S. 3).

Abbildung 3: „Fragmente der Kunsttherapie" Rinata Güttlein, 2015
Akademie für Kunsttherapie, Wien

2.1.4.5 Träume und Bewegung. Körper als Fragment des Traums

„Ein Körper ist immateriell. Eine Zeichnung, ein Umriss, eine Idee" (Nancy, 2010, S.7).

Der Körper ist ein Objekt, das vermessbar ist. Die Arbeit mit einem Instrument, das greifbar ist, kann auch greifbare Ergebnisse bringen (vgl. Marlock, 2006, S. 138).

„Ein tiefenpsychologischer Ansatz betrachtet den Körper nicht quasi naturwissenschaftlich als Energiesystem, sondern achtet in erster Linie auf dessen Mitteilungen. Dass der Körper spricht und seelische Zustände zum Ausdruck bringt, ist eines der wichtigsten Fundamente der körperpsychotherapeutischen Tradition" (ebd., S. 144).

Der Körper hat eine eigene Sprache und nur dank dem Körper wäre es möglich, diese Sprache zu verstehen (vgl. Blothner, Zwiebel, 2012, S. 48). „Das Denken beginnt im Körper und es kann den Körper *als Material* verwenden, um sich auszudrücken" (ebd.).

Die Körpersprache ist ein wichtiges Instrument, dessen Bedeutung sich über Jahrhunderte veränderte (vgl. Trautmann-Voigt, 2009, S. 9).

„Bewegung ist, biologisch betrachtet, eine passive oder aktive Orts- oder Lageveränderung eines Organismus oder von Teilen eines Organismus" (ebd.). Während passive Bewegungen von außen beeinflusst werden, wird für aktive Bewegungen Energie des Organismus aufgewendet (ebd.).

„Versteht man den Körper als durchlässiges Medium, in dem das Selbst dieses „Unbeschreibliche" filtert und anreichert, es als Material „benutzt", wird auch das Subjekt selbst zu etwas durchlässigem, das nicht im Menschen seinen Anfang nimmt, und nicht ihm zu einem Ende kommt, sondern durch ihn hindurchgeht. Diesen Prozess meint Eugen Fink, wenn er vom „Mensch als Fragment" spricht" (Schulz, 2013, S. 44).

Die Träume können auch getanzt werden (vgl. Richter, 2011, S. 210). In diesem Fall wird die Bewegung ohne technische Mittel als Ausdruckform benutzt (vgl. Rettenbach; Christ, 2014, S. 246). Hier könnte die Kommunikation zwischen emotionalen, kognitiven, körperlichen und psychischen Zuständen geschehen (vgl. ebd.). Der Körper steht im Mittelpunkt der Wahrnehmung (vgl. Stumm, 2003, S. 197).

„"Körper" meint bei Eugene T. Gendlin nicht nur den von außen angeschauten Körper [...], sondern vor allem den *von innen gefühlten* Körper" (ebd., S. 199).

Der Körper ist „*situational*" und wirkt als Bewegung, die die Situation wechselt (vgl. ebd.).

„Der Körper *ist* die Situation, und die Situation *ist* der Körper in dem Sinn, dass beides ineinander „enthalten" ist und sich wechselseitig kreiert" (vgl. ebd.).

Die Traumarbeit mithilfe des Körpers ergänzt zur Wahrnehmung und Deutung des Traums die Imagination und Verständnis, die physisch spürbar sind (vgl. ebd.).

„Körperarbeit soll den Klienten dabei unterstützen, seine Achtsamkeit zu erhöhen und mehr von sich selbst zu *bemerken* sowie körperliche Prozesse als Teilaspekt der Person im therapeutischen Gesamtprozess wirksam werden zu lassen" (ebd., S. 201).

Arnold Mindell gründete im Jahre 1982 die Forschungsgesellschaft für Prozessorientierte Psychologie (vgl. Stumm, Pritz, Gumhalter, Nemeskeri, Voracek, 2005, S. 329). Er fand heraus, „dass Träume und spontane Körpererfahrungen auf einer tieferen Bewusstseinsebene zusammenhängen. Es entsteht der Begriff „dreambody" (Traumkörper)" (ebd.).

Als eine Möglichkeit für die Traumarbeit könnte eine Inszenierung des Traums benutzt werden (vgl. Trautmann-Voigt, 2009, S. 235). Es wäre dann eine Darstellung eines Trauminhalts. Durch Bewegungen wird der Traum weiter geträumt (ebd.).

Abbildung 4: Deutsche Oper am Rhein
Quelle: https://opernscouts-operamrhein.com/2015/05/28/rouven-kasten-uber-b-24/ Copyright 2015

2.1.4.6 Träume und Fotografieren

„Die Photographie ist das einzige analoge Medium, das zum Zeitpunkt von Hofmannsthals Geburt bereits erfunden und als Konkurrenzmedium zu Schrift und Buchdruck auch schon mehrere Jahrzehnte in Verwendung ist" (Hiebler, 2003, S. 296).

Fotografien stellen die weggehende Realität so dar, dass sie in den objektiven Rahmen der Wahrnehmung passt (vgl. Jäger, 2009, S. 7).

Der israelische Fotograf Ronen Goldman verwandelte „seine Träume auf kreative Weise in eine Serie von surrealen Fotografien. Das Album heißt "Surrealistic Pillow"" (Lomographytaiwan. 2013; http://www.lomography.de/magazine/228161-die-surreale-neuerschaffung-eines-traums-von-ronen-goldman abgerufen am 08.10.2017).

Das Projekt „Surrealistic Pillow" dauerte sieben Jahre. Der Fotograf sagte einfach „Ich sollte das versuchen" und begann, seine eigenen Träume zu fotografieren (vgl. Bolger, Tanysha. 2013; https://ezramagazine.com/2013/05/22/interview-ronen-goldman/ abgerufen am 08.10.2017).

In einem Interview antwortete Ronen Goldman auf die Frage „We hear you're working on a project called the „Surrealistic Pillow", how did you develop the concept for that project?" wie folgt:

> „I have always been interested in dreams, the subconsciousness, and anything that human endeavour has not yet charted completely. I find that dream „events" sometimes have such an impact on my life, almost like waking „events". Art feeds off of life, and dreaming is an important part in mine; so I try to convey what happens there – through photography. Each image starts out as a fragment of a dream, and I then use my imagination to complete it into the final image that you see" (ebd.).

Abbildung 5: „Them Games", Ronan Goldman
Copyright 2013

2.1.4.7 Träume und Kino

Man kann auch verschiedene Traummotive in Filmen beobachten (vgl. Holzinger, 2007, S. 150).

„So hat Richard Linklater (US-amerikanischer Filmregisseur) einen ganzen Film dem Träumen gewidmet: Waking Life. Intensiv beschäftigt hat sich Andrea Maria Dusl, Autorin, Regisseurin und Kolumnistin. Ihre eigenen Klarträume sind Grundlage eines ihrer Drehbücher" (ebd.).

Die drei bekannten Regisseure Medem, Bergmann und Téchiné stellen in ihren Filmen Traumgeschichten dar (vgl. Strigl, 2007, S. 166). Die Filme mit Traummotiven drücken die „Welt der Träume, der Emotionen, des Instinktes" aus (vgl. ebd.).

2.1.4.8 Träume und Wissenschaft

Der japanische Forscher „Yukiyasu Kamitani kann allein durch die Messung des Blutflusses im Gehirn feststellen, was ein Mensch gerade sieht. Das funktioniert auch im Schlaf" (Keßler, Markus. (2014); https://futurezone.at/science/wir-koennen-videos-von-traeumen-erstellen/70.969.602 abgerufen am 13.10.2017).

Yukiyasu Kamitani und sein Team versuchen am Department of Neuroinformatics der ATR Brain Information Communication Research Laboratory Group in Kyoto herauszufinden, was Menschen sehen, während sie träumen (ebd.).

Im Interview mit Markus Keßler verdeutlicht Yukiyasu Kamitani, wie die Forschung betrieben wird und welche Fragen sich stellen. Im Folgenden Abschnitt wurde das Interview zusammengefasst.

Die Hirnaktivität wird von Probanden/Probandinnen während des Schlafs mittels funktioneller Magnetresonanztomographie (fMRI) überwacht. Die Versuchspersonen werden dann aufgeweckt und gefragt, was sie träumten. Dadurch lernen Algorithmen, die Trauminhalte anhand der gemessenen Hirnaktivität zu bestimmen und in Form von Begriffen auszugeben, die wahrscheinlich passen.

Seit 2008 ist es ihnen möglich, Bilder zu rekonstruieren, die von wachen Personen gerade gesehen werden. Das gelingt bei einfachen Formen gut. In Träumen funktioniert das noch nicht, weil bei der Rekonstruktion gesehener Bilder die Augen auf einen Punkt fixiert sind, und Träume aber sehr dynamisch sind. Deshalb wird derzeit nur versucht, beim Träumen Begriffe, die identifiziert werden, mit passenden Bildern aus dem Internet zu visualisieren.

Theoretisch könnten mit Methoden, die bessere zeitliche und räumliche Auflösungen erlauben, Videos von Träumen erstellt werden. Es könnte sich herausstellen, dass Träumen gar nicht wie ein Film funktioniert und wenig mit Sehen verbunden ist.

Wahrscheinlich funktioniert es wie eine erzählte Geschichte, z. B. über Sprache. In diesem Fall könnten nur begrenzt Bilder rekonstruiert werden, was allerdings noch unbekannt ist. Das Dekodieren von einfachen Formen wie Rechtecken und Kreisen oder Buchstaben ist bereits möglich. Es wird angestrebt, mit längeren Schlafphasen zu arbeiten, da bisher die Probanden/Probandinnen sehr häufig aufgeweckt wurden. Durch lange Messungen durchgängiger Hirnaktivität im Schlaf soll eine bessere Dekodierung von Objekten ermöglicht werden (Kamitani, 2014, in Keßler, 2014).

Die Wissenschaft hat Träumen noch relativ wenig erforscht. Zuerst muss festgestellt werden, ob der Proband/die Probandin träumt. Die Dauer von menschlichen Träumen ist ebenso noch unbekannt. Yukiyasu Kamitani hofft durch seine Forschung auf die Frage antworten zu können, weshalb wir träumen, welchen Einfluss Träumen auf Stimmung und Emotionen hat und ob es für das Lernen und die Formierung von Erinnerungen wesentlich ist (ebd.).

Die folgende Grafik zeigt Beispiele einfacher Formen wie Rechtecke und Kreise oder Buchstaben, die aus den gesehenen Träumen dekodiert werden können:

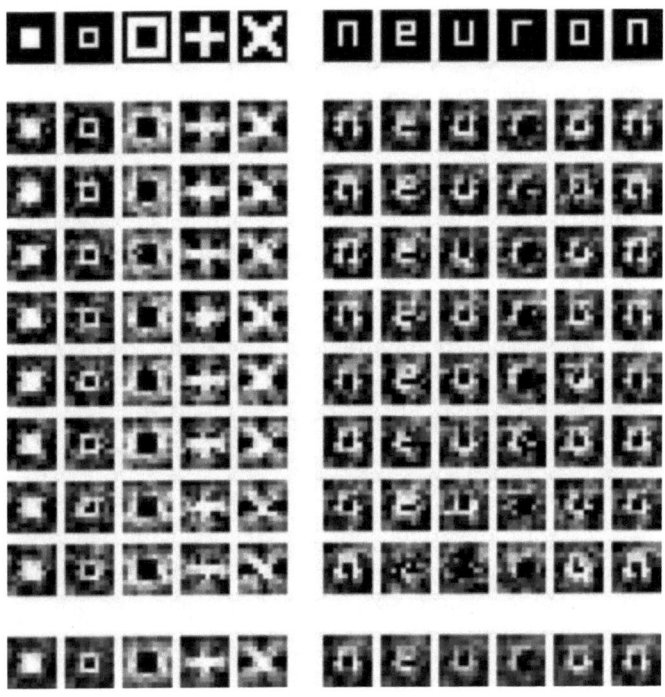

Abbildung 6: Die tatsächlich aus der Gehirnaktivität rekonstruierten Buchstaben, die den Probanden/Probandinnen gezeigt wurden - Foto: Yukiyasu Kamitani
Quelle: https://futurezone.at/science/wir-koennen-videos-von-traeumen-erstellen/70.969.602
Copyright 2014

2.2 Kunsttherapie und Traumarbeit

„Der eigene Traum oder das eigene Bild erhalten eine Form; erst diese Grenze macht sie zu einem Anderen. Gleichzeitig ist das Andere ein Eigenes. Ein Bild als ein von einem selbst getrenntes Gegenüber zu erfahren schafft Distanz in der Nähe" (Breyer, Buchholz, Hamburger, Pfänder, Schumann, 2017, S. 453).

In der kunsttherapeutischen Arbeit wird das Bild von innen und von außen wahrgenommen. Innere Bilder finden sich in einem äußeren Stoff (vgl. ebd.). „Sich in die eigene Skulptur einzufühlen oder mit dem eigenen Bild ein Gespräch aufzunehmen, schafft ein neues Bewusstsein seiner selbst" (ebd.). Das Fremde wird zum Eigenen, das Innere zum Äußeren (vgl. ebd.).

> „Wer sich künstlerisch betätigt, macht die Erfahrung, dass Kunst tiefe Sinnhaftigkeit schaffen kann und neue Dimensionen des Verstehens der eigenen Lebens- und Leidensgeschichten eröffnet" (Dammann, Meng, 2013, S. 217).

Jede Therapie ist auf eine positive Wirkung gerichtet. Edith Kramer (1975/2004) hält Freudenerlebnisse für „eine der wichtigsten emotionalen Erfahrungen in der Kunsttherapie" (vgl. ebd. S. 218). Die Malerin Edith Kramer wurde 1916 in Wien geboren und gilt als „Begründerin der psychoanalytischen Kunsttherapie" (vgl. Keintzel, 2002, S. 403). Während der kunsttherapeutischen Arbeit werden die Ressourcen entdeckt, die den Klienten/die Klientin auf dem weiteren Weg fördern (vgl. ebd.).

Außerdem hat die Kunsttherapie „als eine der wenigen Therapien die Möglichkeit, in ein und demselben Ausdruck nicht nur eine, sondern mehrere Deutungen zuzulassen" (vgl. Menzen, 2017, S. 152).

2.2.1 Anteile der Kunsttherapie

> *„Die Kunsttherapie gibt es nicht. Es gibt (fast) so viele Kunsttherapien wie Kunsttherapeuten."*
>
> (Kraus, 2007, S.9).

Kunsttherapie ist eine Therapie, in der der Klient/die Klientin sich im Prozess der Arbeit mit verschiedenen Arten der Kunst beschäftigt (Malerei, Zeichnung, Grafik, Poesie, Musik, Tanzen, Singen, Spielen, Fotografie usw.) (vgl. Schuster, 2014, S. 3). Jede Form der Kunsttherapie erfüllt den Menschen durch kreatives Schaffen (vgl. Ameln-Haffke, 2015, S. 80).

Einige wichtige Therapieformen werden wie folgt benannt:

Schreiben/Poesietherapie: Texte, Gedichte, Geschichten, Märchen, Tagebuch (Traumbuch) (vgl. ebd.). „Es geht um künstlerischen Ausdruck von Problem-, Sorgen- oder Biografiefragen" (ebd.).

Fotos/Videos: Biografie, Erinnerungen, Ressourcen, Collagen (ebd.).

Musik: Hören oder auch selbst spielen. „Musikmalen, Malen mit/nach Musik" (ebd.).

Bewegung/Tanz: Körperarbeit.

„Bewegung und Tanz lassen sich in der Kunsttherapie nutzen, um Bilder zum Leben zu erwecken (Bilder tanzen) oder Bilder/Gemälde geben so zu sagen die Choreografie, den Bewegungsraum/Tanzteppich vor, zu dem Bewegungen und Tanzelemente erfunden werden" (ebd. S.81).

Tonarbeit: Entwicklungsorientierung.

„Im Mittelpunkt steht nicht die jeweilige Problematik oder Krise, sondern die Möglichkeit, über die eigene Bewegung neue Antworten und Lösungen zu finden" (ebd.).

Das Produkt, das der Klient/die Klientin während der therapeutischen Arbeit schafft, ist aber kein Kunstwerk für

Museen, Galerien, Theater, Bibliotheken, das ist ein kunsttherapeutisches Kunstwerk oder „Therapiekunstwerk", womit der Klient/die Klientin arbeitet, um sich besser zu fühlen (vgl. Schuster, 2014, S. 3).

Dank kreativer Arbeit können bestimmte Probleme erkannt und dargestellt werden. Während der Bearbeitung von verschiedenen Lebensthemen werden konkrete Vorschläge für Problemlösungen gemacht (vgl. Scott, Leritz, Mumford, 2004, https://www.wirtschaftspsychologie-aktuell.de/strategie/strategie_20081216_Kreativitaet.html abgerufen am 28.04.2018).

Es gibt unterschiedliche Modelle zur Darstellung von Phasen des kreativen Prozesses, von denen für diese Masterarbeit das „Siebenstufenmodell" von Rossmann, Doktor der Philosophie, bevorzugt wurde:

„a) Ein Bedürfnis oder ein "Fehlen" wird bemerkt

b) Analyse des Bedürfnisses

c) Die verfügbare Information wird überprüft und angewandt

d) Objektive Lösung wird formuliert

e) Die Lösung wird kritisch überprüft

f) Neue Ideen, Lösungen werden formuliert

g) Neue Ideen werden überprüft und akzeptiert" (vgl. Universität Klagenfurt, Beiträge zur Philosophie, http://wwwu.uni-klu.ac.at/hstockha/neu/html/23phasen.html abgerufen am 14.06.2018).

2.2.2 Traum in der Kunsttherapie

Die Kunsttherapeutin Flora von Spreti fand durch ihre langjährige Erfahrung heraus, dass Traum, Psychose und künstlerische Kreativität auf eine faszinierende Art und Weise miteinander zusammenhängen. Damit schafft sie einen Übergang vom klinisch-therapeutischen zum künstlerischen Bereich und demonstriert, dass auch in der Kunsttherapie „der Traum (das Bild) der Königsweg zum Unbewussten" sein kann (vgl. Wiegand, von Spreti, Förstl, 2006, S. 2).

Ein Bild, das spontan gemalt wird, wird sehr wahrscheinlich durch einen ähnlichen Vorgang wirksam, wie auch ein Traum entsteht (vgl. Schmeer, 2007, S. 60).

„Die Hauptmechanismen, durch welche die latenten und spontan auftauchenden inneren Bilder in das manifeste gemalte Bild übersetzt werden, sind nämlich, genau wie beim Traum, diejenigen der Verdichtung, Verschiebung und sekundären Bearbeitung" (ebd.).

Die Fragmente des Traumbildes entstehen in einem neuen Bild. Ein Bild verschiebt sich zum anderen, von der Imagination zum Papier (vgl. ebd.).

„Unter Verschiebung versteht FREUD die Tatsache, daß ein Element - und oft ein sehr wichtiges - durch ein weiteres abliegendes Element ausgedrückt wird, das unwichtig zu sein scheint. Die eigentliche Aussage des Bildes wird dadurch verdeckt" (ebd.).

Im nun folgenden Abschnitt wird Carl Gustav Jung als einer der wichtigsten Therapeuten vorgestellt, der in seiner Arbeit mit Patienten Methoden verwendete, die heutzutage als kunsttherapeutisch gelten.

2.2.3 Carl Gustav Jung

Am 26. Juli 1875 wurde in der Stadt Kesswil in der Schweiz Carl Gustav Jung geboren. Nach seinem Studium der Medizin arbeitete er an der psychiatrischen Klinik der Universität Zürich (Burghölzli). Mit Sigmund Freud und Alfred Adler zählt Jung zu den drei Gründervätern der gegenwärtigen Tiefenpsychologie. Nachdem er sich von Sigmund Freud (1913) getrennt hatte, entwickelte er seine eigene Schule, die sich mit der analytischen Psychologie beschäftigte (Jung, 1997, S. 2).

Abbildung 7: Carl Gustav Jung, wie er auf einer Webseite im Internet präsentiert wird. (Zugriff am 20.05.2018 http://www.carl-g-jung.de/index.html)

„In Jungs Psychotherapie wird der künstlerischen Gestaltung eine wichtige Rolle zugeschrieben" (Carl, 2014, S. 4). Er fing an, mit kreativen Methoden zu arbeiten (vgl. Schneider, 2015, S. 310).

Das Kunstprodukt stellt sich als Kommunikations- und Informationsmittel dar. In seiner Vermutung ging es Jung darum, dass die Träume aktuelle Lebenssituationen (Gefühle) des Menschen zeigen (vgl. ebd.). „Jung arbeitete in seinen Therapien nicht nur mit Traumerzählungen, sondern auch mit gemalten Traumbildern seiner Patienten" (ebd.). Symbole im Traum verstand Jung als Zeichen des kollektiven Unbewussten. „Er war der Ansicht, dass Archetypen als „eine angeborene Tendenz, solche bewussten Motivbilder (zu) formen" (Jung 1986 a, S. 67)" (ebd.).

Schneider (2015) fasst die Arbeit Jungs mit Träumen zusammen. Laut ihm stellt sich das Kunstprodukt als Kommunikationsmittel dar. Jung verglich Kreativität mit Traum, beide Begriffe können bildlich ausgedrückt werden. Die eigenen Erfahrungen, die der Mensch speicherte, finden den Weg zur Aktivierung durch ein imaginiertes (im Traum) oder reales (auf Papier oder Leinwand) Bild. Die Symbolik kann über Worte und Bilder zum Ausdruck kommen. Es wäre auch möglich, Traumbilder zu verbalisieren und zu visualisieren. Jung war der Meinung, dass jedes Wort und Bild symbolischer ist, als man denkt. Sowohl das Symbol als auch kreative Produkte gelten laut Jung als Bedeutungsträger (vgl. Schneider, 2015, S. 310).

Im weiteren Abschnitt wird kurz über Fritz Perls berichtet, dessen Arbeitsweise mit Träumen für den praktischen Teil dieser Arbeit verwenden wird.

2.2.4 Fritz Perls

Am 8. Juli 1893 wurde in Berlin Fridrich Salomon (Fritz) Perls geboren. Er studierte Medizin und hatte schon nach dem Abschluss eine eigene Praxis. Perls wurde von

Kurt Lewins und durch Gestaltpsychologie inspiriert und wollte sich weiter auf diesem Gebiet beschäftigen. 1926 fing er an, am Frankfurter Neurologischen Institut zu studieren. Außerdem war er von den Aufsätzen von Köhler und Wertheimer so fasziniert, dass er sich entschied, ihre Ideen in einer neuen Richtung weiter zu entwickeln.

Abbildung 8: Fritz Perls, wie er auf der Homepage des Gestalttherapie Instituts Köln und Kassel präsentiert wird (Zugriff am 20.05.2018 http://www.gestalt.org/fritzgerm.htm)

Seine erste therapeutische Erfahrung sammelte Perls in einer psychoanalytischen Lehranalyse. Er arbeitete mit Wilhelm Reich und hatte Interesse an körperlichen und nonverbalen Aspekten in der Therapie (vgl. Klein, 2001, S. 64).

Friedrich und seine Frau Lore Perls gelten als Begründer der Gestalttherapie (vgl. Abram, 2013, S. 12). Fritz Perls beschäftigte sich „mit der Gestaltpsychologie und entwickelte als Folge daraus eine kritische Haltung gegenüber Freuds Theorien" (vgl. Simon, 2007, S. 173). Das Buch „Gestalt Therapy" schrieb Perls zusammen mit dem Schriftsteller Paul Goodmann und mit dem Professor für Psychologie Ralph F. Hefferline. Es erschien im Jahre 1951 (vgl. ebd.). „In diesem Buch verbindet Fritz Perls Körperlehren wie Yoga und Zen mit den neuen philosophischen Strömungen der Phänomenologie und des Existenzialismus, mit Erkenntnissen der Psychoanalyse und der Gestaltpsychologie" (ebd.). Fritz Perls emigrierte in die USA und entwickelte dort die Gestalttherapie weiter. Sein Ziel in der Gestalttherapie war, dass die Menschen während der therapeutischen Arbeit sich selbst wiederaufbauen und verstärken können (vgl. ebd.). „Der Klient soll mithilfe des Gestalttherapeuten seine ungenutzten Möglichkeiten entdecken und ausprobieren" (end.). Als Ergebnisse so einer Therapie sollte eine Entdeckung von Möglichkeiten sein, die Gefühle und Bedürfnisse den Klienten/den Klientinnen offenbaren und negative Emotionen und Gefühle auflösen (vgl. ebd.).

2.3 Fotografie

Der französische Philosoph, Schriftsteller und Literaturkritiker des 20. Jahrhunderts Roland Barthes entwickelte in seinem Werk „Die helle Kammer" die Todestheorie. Er meinte, dass das Foto ein Zeuge dafür ist, was es nicht mehr gibt. Wenn das Subjekt in einem Moment fotografiert wurde, als es noch lebte, und es dann den Moment nicht mehr gab, wird dieser Moment trotzdem auf dem Foto gezeigt (vgl. Barba, 2015, S. 24). Wenn die Theorie von Barthes auf die Traumbearbeitung mithilfe der Fotokamera angewandt würde, dass das Foto ein Zeuge für etwas ist, was nicht mehr existiert, wäre dann in diesem Fall logisch zu behaupten, dass das Foto auch als Bestätigung dafür sein könnte, was es gar nicht in der Realität gab, z. B. für die Nachtträume.

2.3.1 Geschichte und Entwicklung des Fotografierens

Die Fotografie wurde als „Konkurrenzmedium zu Schrift und Buchdruck" genannt (vgl. Hiebler, 2003, S. 296).

> „Angeregt vom 1796 erfundenen Flachdruckverfahren Aloys Senefelders, suchte Joseph Nicéphore Niépce, der Ahnherr der Photographie, zu Beginn des 19. Jahrhunderts vor allem nach einer Möglichkeit, seine Lichtbilder reprodukrtionsfähig zu machen" (Hiebler, 2003, S. 296).

Statt Fotopapier war eine Asphaltbeschichtete Zinnplatte benutzt, die nicht nur mehrere Stunden belichtet, sondern auch von Hand nachbearbeitet werden musste (vgl. ebd.).

> „Die ersten Heliographien von Niépce, ein 1826/27 aufgenommener Blick aus dem Fenster seines Anwesens in Les Gras und der 1826 reproduzierte Stich eines Porträts von Kardinal d'Amboise, bleichen eher mißglückten Aquatintadrucken oder Radierungen" (ebd.)

Fotografie bekam „einen besonderen Status als Aufzeichnungs- und Kommunikationsmittel" (Jäger, 2009, S. 7). Im 19. Jahrhundert wuchs die Bilderproduktion schnell, sodass die Menschen dann im 20. Jahrhundert ermöglichten, in den Industrieländern Unmengen an Fotografien zu erzeugen. Dadurch konnte eine viel bessere Ergänzung und

Neustrukturierung der Erinnerungsbasis erreicht werden (vgl. ebd. S. 8 ff.).

Fotografie spielt eine sehr wichtige Rolle für die Gesellschaft, die Geschichte wird jetzt nicht nur wörtlich ermöglicht, sondern auch visualisiert (vgl. ebd. S. 14). „Bilder - nicht nur fotografische - sind also zentrale Bestandteile der gesellschaftlichen Kommunikation und als solche wichtige historische Quellen" (ebd.).

Fotobilder brachten den Erfolg für die Presse, die seit dem 20. Jahrhundert illustriert wurde (vgl. ebd. S. 54). „Die Fotografie hat seiner Ansicht nach, die physiologische Struktur des Auges, die Entwicklung der spezifischen Organgeschichte und die Psychologie des Sehens zu beachten" (Kunde, 2014, S. 35).

2.3.2 Das Fotografieren als Prozess

„Das fotografische Verfahren wird nicht selten als rein mechanisches bzw. chemisches, als vom Produzenten unbeeinflusstes begriffen" (Lerner, 2015, S. 99). Das Fotografieren ist nicht nur ein Prozess des Fixierens und Auslösens sondern auch „eine fotografische Intention, wie Robert Castel (ein französischer Soziologe) es nennt" (ebd.). Die Fotokamera ist ein Material, womit bestimmte Momente fixiert werden, um eine Idee als Fokus zu zeigen. Laut Robert Castel wird die Fotografie nicht nur als Bild interpretiert, „sondern gleichzeitig als Symbol, sie ist hiernach ein Bildnis, "das über den Modus seiner Darstellung hinaus etwas symbolisiert, das es nicht explizit zum Ausdruck bringen will"„ (vgl. ebd.). Amerikanischer Schriftstellerin Susan Sontag zufolge präsentieren Fotografien eine reale Welt. Laut Castel „kann das Foto einen Sinn nur dadurch wiedererlangen, dass es die imaginäre Existenz des Symbols annimmt" (ebd. S.100).

Die Fotografie bringt eine Möglichkeit, für den Text mehr Spielraum zu haben. Mit dem Text zusammen spielt und zeigt das Foto den Welten eine neue Ebene des Mediums (vgl.ebd.).

„Das visuelle Wahrnehmungssystem des Menschen ist Teil eines kognitiven interpretierenden Systems, die Kamera hingegen ein passiver, einäugiger Empfänger, der unter bestimmten Bedingungen und nach optischen Gesetzmäßigkeiten Lichtverteilungen aufzeichnen und in einem fotografischen Bild materialisieren kann" (Pilarczyk, Mietzner, Klinkhardt, 2005, S. 73).

Der fotografische Prozess beginnt mit einer Idee. Zu dieser Idee gehören einige bestimmte Aspekte wie z. B. Thema, Standort, Aufnahmemoment usw. (vgl. ebd. S.74). Diese Phase des Fotoprozesses wird als „Prä-Visualisierung" bezeichnet. In diesem Teil wird eine Skizze des Bildes gemacht und das Motiv gewählt. Mit dem Drücken des Auslösers werden die Entscheidungen über Motiv, Perspektive, Aussicht, Bildformat und vieles andere getroffen. Ideen und Inspiration können durch das technische Material realisiert werden (vgl. ebd.).

2.3.3 Arbeit mit Fotos als Therapieform

Es gibt in der Kunsttherapie kreative Methoden mit verschiedenen Einsatzmöglichkeiten der Fotografie, z. B. in der Gruppenarbeit. Es geht dabei um eine Kommunikation in der Gruppe. „Jeder Teilnehmer soll vor der Kamera posieren und sich anhand des Bildes der Gruppe vorstellen" (Schuster, 2014, S. 110). Die Gruppe soll sich in Paare (Fotograf/Fotografin - Modell) teilen. Die Teilnehmer/Teilnehmerinnen suchen nach verschiedenen Perspektiven, damit sie ihre eigene Wahrnehmung trainieren können (vgl. ebd.). „Jeder Teilnehmer soll eine Emotion darstellen, ohne dass der Fotograf weiß, welche Emotion es ist" (ebd.). Diese Methode trainiert die Kontrolle der nonverbalen Kommunikation (vgl. ebd.).

Für die Therapie von Aufmerksamkeitsstörungen werden auch Methoden mit einer Fotokamera verwendet, wie z. B. im Training der selektiven Aufmerksamkeit (vgl. Rüsseler, 2009, S. 139).

> „Verschiedene Objekte wandern auf dem Bildschirm von rechts nach links oder von links nach rechts. Beim Tontaubenschießen hat der Patient die Aufgabe, kritische Zielreize „abzuschließen", beim Fotografieren müssen die kritischen Objekte fotografiert werden" (ebd.).

Als eine kunsttherapeutische Methode werden auch „Kinderfotos" zum Thema mit dem Stichwort „Identitätsbildung" gewählt (vgl. Trüg, Kersten, 2013, S. 21). Die Ziele dieser Methode sind „Wahrnehmung und Verstehen von Atmosphären, Stimmungen, Empfindungen, Szenen, Rollen aus der Kindheit, von Beziehungsstrukturen, Verhaltensstilen" (ebd.). Dafür werden Fotos ausgesucht, von denen ein bestimmtes Foto für eine imaginierte Arbeit vorgezogen wird. Dieses Foto wird imaginativ vergrößert und lebendig vorgestellt (vgl. ebd.).

„Das Erlebte (in den Vordergrund tretende Gefühle, Bilder, Szenen, Atmosphären) wird im Anschluss mit Farben zum Ausdruck gebracht" (ebd.). Zum Schluss der Arbeit wird das ausgewählte Foto in die Mitte eines Papierblatts geklebt und das Thema wird besprochen (vgl. ebd.).

Für eine Erinnerungsarbeit werden Fotos aus Fotoalben gewählt (vgl. ebd. S. 35). „Gefühle, Empfindungen, Gedanken und Erinnerungen, die beim Betrachten des Materials auftauchen, werden in Form eines emotionalen Protokolls festgehalten" (ebd.). Diese Arbeit bietet eine Möglichkeit, die „Spuren" aus der Lebensgeschichte zu zeigen, die bei weiterer Arbeit helfen, an den Schwachstellen besser zu arbeiten (vgl. ebd.).

3. Praktisch-empirischer Teil

Rainer Schmidt bezeichnet die Traumarbeit als „wie alle therapeutisch analytische Arbeit - vor allem und zunächst Beziehungsarbeit" (Schmidt, 2005, S. 215). Der wichtigste Teil der Arbeit sind dabei gut aufgebaute Beziehungen zwischen Therapeut/Therapeutin und Klient/ Klientin.

Im Buch „Traumdeutung" erzählen Vollmar und Lenz (2009), mit welchen Träumen sich die Menschen auf jeden Fall beschäftigen sollen:

- o „Träume, die emotional stark bewegen
- o Angst- und Albträume
- o Wiederkehrende Träume
- o Träume in Krisensituationen
- o Träume in Situationen der Unzufriedenheit
- o Träume in Entscheidungssituationen
- o Träume während einer Krankheit" (Vollmar, Lenz, 2009, S.9).

Was bringt die Traumbearbeitung, wie hilft sie den Menschen? Mit dem Verständnis des Traums gibt es die Möglichkeit, vom Unglück in der Realität wegzugehen und die Antworten auf viele Fragen zu finden (vgl.ebd. S. 10).

„Die Traumdeutung hilft uns,
- o uns selbst realistischer zu sehen,
- o unsere Umwelt realistischer einschätzen und Chancen besser nutzen zu können,
- o einen größeren Überblick zu bekommen und somit Zusammenhänge zu erkennen,
- o unser Bewusstsein zu erweitern" (ebd.).

Die wissenschaftliche Arbeit von Sigmund Freud 1914 heißt „Erinnern, Wiederholen und Durcharbeiten". Das könnte als Schema für die beschriebene Methode genommen werden. Der erste Schritt ist, sich an den Traum zu erinnern; der zweite Schritt ist, diesen Traum in der Realität zu wiederholen (sprechen, malen, bewegen, fotografieren); der dritte Schritt ist, den Traum durchzuarbeiten und zu analysieren.

3.1 Methoden

3.1.1 Bestandteile und Phasen

Für den praktischen Teil wurden vier Personen – zwei Männer und zwei Frauen – gewählt, die am Anfang über ihre Träume berichteten. Von den insgesamt vier analysierten Träumen, wiederholten sich zwei Träume mehrere Male: Ein Traum wiederholte sich einige Jahre, der andere einige Wochen. Alle Teilnehmer/Teilnehmerinnen wussten, dass es ein experimentaler Teil der Masterarbeit ist und nahmen gerne an diesem Experiment teil. Sie stimmten der anonymisierten Nutzung ihrer Daten im Rahmen dieser Masterarbeit zu.

Die gesamte Methode teilt sich in drei Teile: Gespräch, Malen und Fotografieren. Es wurden jeweils drei Sitzungen durchgeführt, jede Sitzung dauerte zwei Stunden.

Im Folgenden wird die Methode in ihren einzelnen Schritten beschrieben.

3.1.1.1 Sprechen und malen

Bei dem ersten Treffen erzählt der Klient/die Klientin den Traum, an dem er/sie arbeiten möchte. Er/sie erzählt den Traum so, wie er/sie sich daran erinnert und ihn fühlt.

Es gibt keine Interpretationen und Bewertungen zu dem Traum, nach einer Traumdeutung wird nicht gesucht. Nach der Erzählung des Traums folgt ein Kreativprozess. Der Klient/die Klientin zeichnet diesen Traum. Der Traum muss nicht detailliert dargestellt werden. Wichtig ist, dass der Klient den eigenen Traum fühlen kann. Das Bild darf abstrakt, symbolisch, farblich sein. Wenn auf dem Bild mehrere Teile entstehen, hilft die Methode von Perls, den Traum und sich selbst in dem Traum zu verstehen.

Dabei ging Fritz Perls laut Blankertz und Doubrawa (2005) folgendermaßen vor: Er versuchte nicht als Therapeut, den Traum des Klienten zu deuten, sondern überließ es dem Klienten selbst die Arbeit mit seinem Traum durchzuführen. Damit sollte ergründet werden, was der Traum bedeutete. Perls war der Meinung, dass alle Inhalte des Traums nur mit dem Träumer verbunden sind. Den Traum selbst hielt er für einen künstlerischen Akt der Schöpfung (Blankertz/Doubrawa, 2005, S. 146).

Tatsächlich funktioniert die Methode so, dass der Klient/die Klientin das fertige Bild anschaut und sich anstelle eines jeden Teils auf der bildlichen Traumdarstellung vorstellt, als ob er/sie z. B. der Baum oder der Stein (und alles Mögliche, was auf dem Bild dargestellt wurde) ist. Die Frage dabei ist, was der Klient/die Klientin aus der Perspektive des Baums im Traum fühlen und sehen kann. So nimmt der Klient/die Klientin alle Perspektiven wahr (vgl. ebd.).

Hilfreich kann dabei die Behauptung von Sigmund Freud sein, der in seinem Werk „Die Traumdeutung" Folgendes schrieb:

„Wo im Trauminhalt nicht mein Ich, sondern nur eine fremde Person vorkommt, da darf ich ruhig annehmen, daß mein Ich durch Identifizierung hinter jener Person versteckt ist. Ich darf mein Ich ergänzen" (Freud, 1998, S. 326ff).

Fritz Perls befolgte in seiner Therapiearbeit den Weg, bei dem er den Klienten/die Klientin aufforderte, „den Traum noch einmal im Hier-und-Jetzt zu erzählen, so als würde er jetzt gerade stattfinden" (Blankertz/Doubrawa, 2005, S. 146). So wie es Perls verdeutlichte, wird es auch im Experimentalprozess der vorliegenden Masterarbeit laufen. Mit jeder neuen Wiedererzählung des Traums können zum Probanden/zur Probandin neue Gedanken und Gefühle bezüglich des Traums kommen.

Eine mögliche therapeutische Sitzung könnte auch sein, dass der Klient einen Stuhl nimmt und sich vorstellt, dass es auf diesem Stuhl einen Teil vom Traum gibt. Dabei versucht er mit einer imaginären Figur (Trauminhalt) zu sprechen (vgl. Blankertz/Doubrawa, 2005, S. 147 ff.). Mit allen vier Probanden/Probandinnen wurde die oben genannte Methode von Fritz Perls verwendet, in einem Fall sprach die Probandin mit einer imaginären Figur aus dem Traum.

Erziehungswissenschaftler und Sozialpädagoge Winfried Noack gibt einige wichtige Hinweise zur Traumbearbeitung. Laut ihm soll der Trauminhalt nicht sofort interpretiert werden, weil er oft vom Unbewussten abhängt und eine Fehlinterpretation dadurch entstehen kann. Vielmehr ist es wichtig den Traumgedanken zu finden, der sich dahinter verbirgt (vgl. Noack, 2014, S.25).

Zum Schluss des ersten Treffens werden folgende Fragen gestellt und beantwortet:

o Was macht das Bild mit dem Klienten/der Klientin und wie bewegt es ihn/sie?

o Welche weiteren Gefühle kommen?

o Wo im Körper empfindet der Klient/die Klientin Kälte oder Wärme?

o Wie geht der Klient/die Klientin mit diesen Gefühlen um?

o Was vom Bild könnte als Ressource benutzt werden?

o Welche Farben und Formen kommen, wenn der Klient/die Klientin die Augen schließt?

o In welchem Teil des Bildes fühlt sich der Klient/die Klientin besonders gut/schlecht?

3.1.1.2 Fotografieren

Die nächste Sitzung sollte eine Woche später stattfinden, dann soll es schon einige Ideen geben, welche Inhalte vom Traum fotografiert werden können.

Während des zweiten Treffens, welches zwei Stunden dauert, soll ein Fotoprozess stattfinden. Vor dem Fotoshooting sucht sich der Klient/die Klientin aus, was für ihn/sie wichtig ist, aus dem Traum als Foto zu sehen und ob es nur ein Teil oder einige Szenen vom Traum sein sollen. Falls der Klient/die Klientin sich selbst im Traum sah, wird ein Foto von ihm/ihr gemacht. Wenn es aber andere Details gab, darf der Klient/die Klientin selbst fotografieren, um eigene Perspektiven und Fokussierungen des Bildes zu suchen und zu finden. Es folgt die Körperarbeit, wodurch der Klient seinen eigenen Traum in Wirklichkeit körperlich erleben kann.

„Der Traum ist etwas von der wachend erlebten Wirklichkeit durchaus Gesondertes, man möchte sagen, ein in sich selbst hermetisch abgeschlossenes Dasein, von dem wirklichen Leben getrennt durch eine unübersteigliche Kluft. Er macht uns von der Wirklichkeit los, löscht die normale Erinnerung an dieselbe in uns aus und stellt uns in eine andere Welt und in eine ganz andere Lebensgeschichte, die im Grunde nichts mit der wirklichen zu schaffen hat..." (Freud, 1998, S. 26).

Durch die Bearbeitung des Traums findet sich der Klient/die Klientin in verschiedenen Situationen des Lebens. Jeder Teil der Arbeit bringt neue Ideen, wie und womit Assoziationen zwischen Trauminhalten und realem Leben hervorgerufen werden können. Es kann vermutet werden: Je mehr ein Traum oder Träume analysiert werden, desto mehr nützliche Informationen können erhalten werden.

Der Fotoprozess verläuft so, als ob es ein Theaterstück wäre. Der Klient/die Klientin erlebt körperlich seinen/ihren eigenen Traum (oder einen Teil davon), dazu kommen Bewegungen und Reflexionen. Während der Klient/die Klientin eine eigene Rolle spielt (erlebt), fixiert der Therapeut/die Therapeutin den Prozess mit Hilfe der Fotokamera. Im Prozess der Fotografie beobachtet der Therapeut/die Therapeutin, wie es dem Klienten/der Klientin geht, wie er/sie sich bewegt, wie und worauf er/sie reagiert, was für den Klienten/die Klientin in diesem Prozess eventuell sehr wichtig ist. Während des Fotoprozesses könnten außerdem Gespräche (Fragen-Antworten, Gefühlbeschreibungen) stattfinden.

3.1.1.3 Analysieren, das Problem entdecken

Die dritte Sitzung soll die letzte in der ganzen Methode sein. Dafür werden auch zwei Stunden benötigt. Der Klient/die Klientin bekommt das Bild von der ersten Sitzung und die Fotos von der zweiten Sitzung zur Ansicht. Im Dialog mit sich selbst, mit dem Bild und mit den Fotos können neue Gedanken und Gefühle entstehen. Wenn Impulse kommen, weiter am Bild zu malen oder die Fotos für eine kreative Arbeit zu benutzen, soll sich der Klient/die Klientin damit beschäftigen. Beim Schlussgespräch wird vermutlich ein tiefes Thema entstehen, womit der Klient/die Klientin und der Therapeut/die Therapeutin in weiteren Sitzungen zusammenarbeiten könnten.

3.1.2 Beschreibung des praktischen Teils und des Vorgehens bei der Datenerhebung. Traumbeispiele.

3.1.2.1 Beispiel 1: Das Unvermeidliche. Der Wille. Das Schicksal (Frau L., 38)

Gespräch und Malen

Frau L. träumte, dass sie mit jemandem im Wald in den Bergen war. Das war ein Schiläuferstützpunkt, der bald schließen sollte. Aber der Partner von Frau L. wollte unbedingt noch eine Runde Ski fahren. Es wurde schon dunkel. Frau L. stand neben dem Stützpunkt, sie sah noch das Licht drinnen und wollte so sehr dort bleiben, aber ihr Partner ging von ihr weg und sie verstand, dass sie ihm folgen muss, sonst kommt er ohne sie nicht mehr zurück. Sie ging von dem Stützpunkt weg und folgte ihrem Partner. Frau L. sah im Traum, dass sie in ihrem Inneren das Licht hatte, als ob sie das Licht vom Stützpunkt einsaugte und damit weiter ging. Sie fühlte, dass dieses Licht ihre Energie ist, die sie führt. Sie spürte das sehr stark im Traum. Es brachte ihr Angst und gleichzeitig hatte sie so viel Interesse daran. Je weiter sie vom Stützpunkt gingen, desto mehr verstand sie, dass es sehr gefährlich ist, weiter zu gehen. Es schneite. Die Berge zogen sie noch mehr an. Sie dachte und hoffte, dass sie nur noch eine Runde machen und dann mit allen in die Stadt fahren. Gleichzeitig war sie überzeugt, dass sie wahrscheinlich keine Menschen mehr finden, wenn sie zurückkommen. Der Schneesturm wurde stärker. Es schneite noch mehr. Irgendwie schafften sie noch die Runde und, als sie zurückkamen, sahen sie keine Menschen mehr und der Stützpunkt war auch nicht mehr da – alle waren weg. Es gab nur den Wald, die Berge und den Schnee. In einem Moment standen sie am Rand des Berges zusammen und entschlossen sich zu springen. Unten wartete auf sie nur die Unbekanntheit, aber es gab keinen anderen Weg. Sie mussten springen, um zu überleben. Sie hatten so viel Angst, aber noch mehr hatten sie ihre Entschlossenheit. Dann sprangen sie. Sie hielten einander an der Hand, verloren aber die Hände voneinander. Es gab überall nur Schnee, unten und oben gab es nur Schnee. Als ob es Wasser wäre und sie sich unter Wasser befand, befand sie sich genauso unter dem Schnee. Sie fühlte überall nur Schnee. An den weiteren Verlauf des Traums erinnerte sich Frau L. nicht mehr. Sie meinte, dass der Schnee für sie keine Bedeutung hatte. Vielmehr hatte sie starke Gefühle zum Thema „Wahl, Entscheidung, Wille und Unvermeidlichkeit". Es gab dann die Möglichkeit, diese Gefühle zu zeichnen. Frau L. malte ihren Traum und benutzte Wasserfarben dafür.

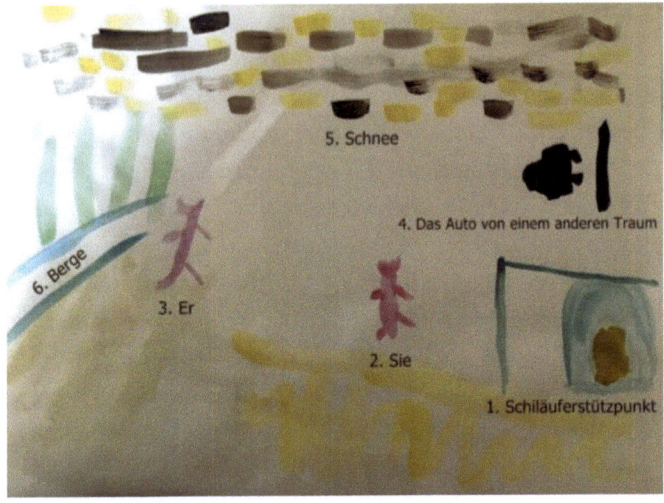

Abbildung 9: „Traumdarstellung", Frau L.
Das Originalbild ohne Beschriftungen befindet sich im Anhang (Abb. 23, S. 151).

Nach der Methode von Perls sollte sich Frau L. an jeder Stelle von dem Trauminhalt realisieren und von jeder Perspektive eine neue Geschichte des Traums erzählen.

Schiläuferstützpunkt

In dieser Rolle fühlte sich Frau L. sehr sicher und gemütlich. Sie sprach über ihr Elternhaus, ihre Heimat und ihre Mutter. Sie war sehr ruhig und wollte anderen Figuren auf dem Bild helfen, damit sie sich auch so wohl fühlen konnten.

Sie

In der „sie-Rolle" wirkte FRAU L. sehr unsicher und unruhig. Sie verstand, dass sie nicht vom Stützpunkt weggehen darf, dass sie nicht mehr zurückkommt, wenn sie jetzt weggeht. Bleiben konnte sie aber auch nicht, weil der ganze Sinn ihres Lebens in diesem Moment hier und jetzt war. Sie hatte eigentlich keine Wahl, sie konnte einfach nicht bleiben und musste ihrem Partner folgen. Atmosphärisch, so beschrieb sie, spürte sie den Traum so, als ob sie zum Everest gehen sollte und nicht wusste, ob sie jemals zurückkommt.

Er

Die "er-Rolle" schien für Frau L. eindeutig klar: Er wusste genau, was und wohin er gehen wollte, und es war ihm egal, ob sie ihm folgte oder nicht, er wäre einfach weitergegangen. Als "er" fühlte sie sich selbstbewusst und überzeugt, sie hatte keine Ängste, sie zweifelte nicht und war frei und stark. Diese Rolle war für Frau L. sehr angenehm.

Das Auto von einem anderen Traum

Frau L. meinte, dass das Auto auf dem Bild aus einem anderen Traum entstand. Sie bekam einfach den Impuls, dass das Auto auch da sein sollte. In einem anderen Traum saß sie im Auto mit Ihrem Mann. Er fuhr das Auto sehr schnell und sie hatte ambivalente Gefühle: Einerseits vertraute sie ihrem Mann, anderseits hatte sie das Gefühl, dass etwas Schlimmes passieren konnte, wenn er nicht bremste. Sie stritten miteinander, sie konnte aber trotzdem nichts verändern. Er fuhr weiterhin sehr schnell. Sie musste das akzeptieren und einfach mit ihm ruhig und gleichzeitig unruhig weiterfahren. Genauso fühlte sie sich in den Bergen, sie musste ihm einfach folgen, obwohl sie wusste, dass es keine gute Idee war.

Schnee

„Es gibt viel von mir, sehr viel, wenn ich mich als Schnee vorstelle", erzählte Frau L. Besonders gut übernahm sie die „Schnee-Rolle" zum Schluss des Traums, als sie als

Schnee überall sein sollte. Sie meinte, dass sie in diesem Moment ihre ganze Stärke und Macht spürte. Sie war gefährlich und sorgsam gleichzeitig. Sie konnte kontrollieren, ob sie alles überall zerstört oder rettet.

Berge

„Ich als Berg" im Traum brachte Frau L. viel Sicherheit und Ruhe. Sie spürte, wie gut sie andere behüten konnte und welche wichtige Rolle sie dafür hatte. Das machte für sie mehr Sinn zu leben. Sie fühlte sich lebendig und nützlich.

Zum Schluss des ersten Treffens war Frau L. nachdenklich, aber sehr dankbar, dass sie sich selbst mithilfe der Methode von Perls aus verschiedenen Perspektiven anschauen durfte und dadurch entdeckte, welche Seiten ihres Lebens welche Bedeutungen haben, sie sah die Akzente, mit welchen sie weiter therapeutisch arbeiten möchte.

Zu dem Bild und zum kreativen Prozess allgemein kamen zu Frau L. folgende Gedanken.

Es war sehr ungewöhnlich, einen eigenen Traum zu malen. Als sie malte, hatte sie das Gefühl, dass sie ihren Traum wieder erlebt. Als ob sie ins Unterbewusste eintauchte und dann das ganze Bild von fern anzuschauen versuchte, aber auf eine andere Weise, aus einer anderen Perspektive, von einer anderen Position. In ihrem Traum spiegelte sich die Wahl wider, ob sie gehen soll oder nicht. Außerdem fühlte sie die Unvermeidlichkeit von dieser Wahl, die Entscheidung zu gehen bestimmte die Wahl vor. Während des Malens hatte sie ambivalente Gefühle. Es fiel ihr schwer, sich zu konzentrieren und logisch zu denken. Gefühle waren stärker als ihr Verstand. Sie kämpfte damit nicht, sie folgte ihren Gefühlen. Aufregung, Interesse und irgendeine bezaubernde Vorahnung der bevorstehenden Entdeckung, eine Berührung mit etwas Irrealem - das sind die Empfindungen, in die sie sich vertiefte. Das Bild sieht vielleicht ein bisschen kindisch aus, vielleicht findet es jemand lustig, für sie aber ist das kein Bild, sonder eine Tür, hinter welcher sich ihre Geschichte versteckt. Das war eine ganz neue Erfahrung für sie, ihren eigenen Traum zu malen.

Fotografieren

Es wurde ein Platz am Rande der Stadt Wien für das Fotografieren gewählt. Die Idee des Inhaltes wurde intuitiv gefunden. Frau L. spielte ihren Traum sehr sinnlich und instinktiv durch. Vor dem Fotografieren fand ein Gespräch statt. Frau L. hatte keine bestimmten Wünsche, wie der Fotoprozess laufen soll. Sie war einfach sehr zufrieden, hier und jetzt zu sein. Es war auch sehr wichtig, dass so ein Platz gefunden wurde, der genauso aussieht, wie sie das im Traum sah. Es waren kleine Berge und ein Wald dabei. Überall gab es nur Ruhe und die Natur. Frau L. erzählte, wie sie sich fühlte, und versuchte sich wieder in den Traum hineinzuversetzen. Dann fing sie an, einfach herumzugehen und laut nachzudenken, was es dort und hier vom Traum gab, was sie fühlte, als sie stand und überlegte, ob sie weiter gehen oder bleiben sollte. Sie sprach relativ viel. Dann wurde mit dem Fotografieren begonnen. Frau L. merkte den Fotoprozess fast nicht, weil sie mit ihrer Rolle sehr beschäftigt war. Zuerst stand sie, dann ging sie vorwärts und dann zurück, wieder vorwärts und wieder zurück, dann stand sie wieder, schaute nach oben und nach unten. Sie spielte so, als ob sie Ski lief. In einigen Momenten war es so lustig, dass sie einfach lachte und doch sich dann wieder besann und unbedingt weiter spielen wollte. Der Sprung in den Schnee wurde mit Vergnügen durchgespielt, Angstgefühle gab es hier keine. Dieser Sprung stellte sich im Nachhinein als das eigentliche Ziel von allen bis dahin erfolgten Handlungen. Der ganze Fotospaziergang dauerte zwei Stunden und wurde von gelegentlichen Gesprächen begleitet.

Abbildung 10: „Der Sprung in den Schnee", Rinata Güttlein
Die ganze Fotoserie des Traums befindet sich im Anhang
(Abb. 24-31, S. 151-154).

Nach dem Fotoprozess kam die Reflexion. Frau L. beschrieb ihre Gefühle, die sie während der Bewegungsarbeit hatte. Sie erlebte Szene für Szene von ihrem Traum wieder: „Hier stehe ich, schaue nach unten und sehe die Ausweglosigkeit. Ich versuche, einen Ausweg zu finden, versuche zu laufen und rechtzeitig anzukommen. Ich akzeptiere meine Niederlage und das Einzige, was ich machen kann, ist zu springen. Obwohl wir versuchten, alles so zu erleben, wie

ich das träumte, bleibt bei mir das Gefühl, dass etwas noch nicht zu Ende gesagt wurde. Vielleicht ist es so, weil ich versuchte, in mein Unterbewusstsein hineinzuschauen und etwas nicht akzeptieren möchte, weil ich noch nicht bereit dafür bin? Das weiß ich noch nicht. Ich vermute, dass es mit meinem Umzug nach Wien zu tun haben kann, dass ich diese Entscheidung treffen musste, was für mich relativ schwer war. Ich fühle aber, dass es zu einfach wäre, so meinen Traum zu interpretieren. Außerdem kommen dazu andere Geschichten und Themen, wie z. B. meine Ängste, etwas nicht zu schaffen (Sprache lernen, Arbeit finden usw.). Durch die Bewegungen im Fotoshooting hatte ich einen Dialog „Ich mit dem Ich", ich überredete mich selbst zu gehen und stoppte mich gleichzeitig: „Nein, bleib da!" Ich habe so ein starkes Gefühl von dem ganzen Prozess, körperlich spüre ich das, kann es aber nicht wirklich erklären. Ich bin mir sicher, dass ich selbst nach unten gehe, dass mein Verstand auf mich einredet, was ich machen und wohin ich gehen soll. Mein Herz spricht aber andere Dinge, spürt das Ganze anders und spricht mit mir. Ich habe einen inneren Konflikt in mir drin und weiß nicht, auf wen ich hören soll. Beide sind mein Ich und ich akzeptiere die beiden Seiten von mir, und das ist so schwer zu wählen und Mut zu haben, um zu entscheiden: Entweder gehe ich oder ich bleibe. In meinem Traum gehe ich und springe. In meiner Realität habe ich keinen Mut zu gehen und zu springen, ich stehe und habe kein Vertrauen zu mir selbst."
Frau L. meinte, dass sie sich fast sicher ist, worum alles geht und dass sie noch Zeit braucht, um darüber laut zu sprechen. Sie sollte nicht detailliert erzählen, welche Gedanken zu ihr kamen. Wichtig war, dass sie ein Thema für sich fand. Mit diesem Thema arbeitete sie in der dritten Sitzung.

Für die dritte Sitzung wurden zwei Stunden benötigt und die Arbeit wurde in drei Teile geteilt: Gespräch – Kreativität – Gespräch.

Die Klientin bekam alle Fotos vom Fotospaziergang und das Bild des Traums, das Frau L. bei der ersten Sitzung malte. Es fand ein Dialog zwischen ihr und den Bildern statt. Sie sprach mit ihnen, stellte Fragen und versuchte Antworten auf diese Fragen zu finden. Sie verspürte dort Angst, wo sie eine Entscheidung treffen musste. Als sie schon sprang (Abb. 9, S.62), hatte sie keine Angst mehr. Sie war sicher, dass sie unter dem Schnee noch lebendig war. „Ich lebe noch, das weiß ich!" - sagte Frau L. Als sie sich vorstellte, wie es in der Realität wäre, wenn sie unter dem Schnee liegen würde, verstand Frau L., dass sie eine Panikattacke bekommen würde, weil sie an Klaustrophobie leidet. „Unter Klaustrophobie versteht man die Angst vor engen Räumen" (Zaudig, Trautmann-Sponsel, Joraschky, Rupprecht, Möller, Saß, 2006, S. 390). Dann erzählte sie eine Geschichte, die sie als kleines Kind von ihrer Tante hörte, dass ihre Mutter einmal angeblich versuchte, sie mit einem Kissen zu erwürgen. Frau L. weiß nicht, ob es die Wahrheit ist und versteht auch nicht, warum und wozu ihre Tante so eine Geschichte erzählte. Die Geschichte bleibt aber im Kopf seit dem Punkt, als Frau L. diese Geschichte hörte. Sie vermutet, dass ihre Klaustrophobie damit verbunden ist, weiß aber nicht, ob es unbewusste Erinnerungen an die Todesgefahr sind oder einfach die Angst vor der von ihrer Tante erzählten Geschichte ist. Dieses Thema sollte weiter analysiert werden, wenn weitere Sitzungen stattfinden würden. Frau L. meinte, dass es nicht genug Fotos über den Traum gab, dass der Traum nicht abgeschlossen ist und dass sie den Traum selbst beenden muss, obwohl sie sich nicht daran erinnert, was weiter passierte, als sie unter dem Schnee war. Sie wählte ein Foto für die weitere kreative Arbeit aus (Abb. 32, S. 155). Frau L. versuchte sich vorzustellen, was weiter im Traum passieren könnte. Sie verstand, dass das Wichtigste ist, was sie unter dem Schnee machen konnte, Ruhe zu bewahren. Sie brauchte eine Figur, die sie beruhigt. Frau L. zeichnete mit Öl-Kreide diese Figur:

Abbildung 11: „Die Suche nach der inneren Ruhe", Frau L.

„Ich muss mich beruhigen, um zu wissen, was ich machen soll!" - sagte Frau L. Plötzlich meinte sie, dass in ihrer Realität oft die Phrase „Lass mich in Ruhe!" vorkommt,

69

dass sie diesen Satz wirklich oft laut sagt. In diesem Moment, als sie das sagte, wurde sie sehr nachdenklich. Die Klientin brauchte ein bisschen Zeit, sich wieder zu finden. Es wurde nichts mehr gefragt. Sie nahm einfach noch ein Blatt Papier und zeichnete ein neues Bild.

Abbildung 12: „Harmonie", Frau L.

Als das Bild fertig war, schaute Frau L. das Bild sehr ruhig und befrieden an, lächelte und fing an zu sprechen: „Das Bild gefällt mir sehr, beruhigt mich wirklich. Ich fühle mich so frei und sorglos! Ich sehe, dass mein Freund lebt und auf mich wartet. Ich sehe das Licht dort, wo er sich befindet. Das ist der Schiläuferstützpunkt. Wir überlebten die kalte Nacht, schafften es, uns zu retten. Ich hatte keine Kraft und doch war ich voller Energie. Ich zweifele nicht mehr an mir! Jetzt verstehe ich, dass es eine richtige Entscheidung war, meinem Freund zu folgen und dann zusammen zu springen. Wir erlebten ein Wunder zusammen, verloren einander und fanden uns dann wieder. Jetzt hatten wir viel mehr als früher. Wir hatten uns selbst und das Verständnis, dass wir einander und sich selbst vertrauen sollen. Ich habe jetzt so ein harmonisches Gefühl in mir und keine Angst, weiter zu gehen und zu springen. Jetzt ist es mir so klar, dass ich nichts verliere, wenn ich gehe und springe. Ich werde gewinnen, wenn ich es riskiere. Ich finde gar nichts, wenn ich nicht suche und einfach stehe. Ich weiß jetzt, was ich weiter machen soll! Danke!"

3.1.2.2 Beispiel 2: Die Freiheit (Frau A., 33)

Gespräch und Malen

Der Traum begann in einem Dorf, in dem Frau A. aufwuchs. Sie sah in ihrem Traum das Vatershaus, mit dem Frau A. sehr verbunden ist. Sie nahm Anlauf, machte einen Sprung und fing zu fliegen an, oder es wäre besser zu sagen, dass sie mit großen und langen, aber langsamen Schritten sprang. Es war in der Sommerzeit. Weil sie in einem Polardorf wohnte, war es für sie sehr angenehm, dass es keinen Schnee gab, dass es hell und sonnig war. Das Wetter war leise und trocken. Es gab die Möglichkeit, in die Ferne zu schauen. Der Himmel war hell, ohne Wolken. Frau A. schaute nach unten. Sie suchte den Punkt, von dem sie sich abstoßen konnte, um weiter zu springen. Sie sprang zuerst auf die Straße, dann auf die Brücke, auf das Dach und weiter. Sie blieb kurz in der Nähe von ihrem Haus. Dann sprang sie wieder. Sie stieß sich von ihrem Haus ab. Sie sah das Haus von oben und konnte das Vatershaus und den Hof genau betrachten. Manchmal bemerkten die Menschen Frau A. und begrüßten sie. Die Kinder lachten ihr zu, das waren die Freunde aus ihrer Kindheit. Als sie weiter sprang, wurden ihre Schritte länger. Diesen Traum träumte Frau A. seit ihrer Kindheit. Manchmal sah sie diesen Traum einmal während einiger Jahre, manchmal einmal in einem Jahr. In einigen Träumen sprang sie nur im Dorf, in anderen weiter weg vom Dorf – über den Wald, über den Fluss (sie sprang von einer Seite des Flusses auf die andere), außerdem sprang sie auf die Boote, die angelegt waren. Als sie über den Wald sprang, stieß sie sich von den dort bekannten Wegen ab. Die markantesten Eindrücke hatte Frau A. von den Sprüngen über den Fluss. Das Gefühl der Gefahr wurde durch eine obligatorische Suche nach einem Stützpunkt für den nächsten Sprung abgelöst. Danach war wieder alles in Ordnung. Sie hatte immer positive Emotionen und Gefühle, die durch ihre Aufstiegsempfindungen hervorgerufen wurden, und beruhigte sich, als ob sie sich überzeugte, dass alles gut war. Einmal träumte sie, dass sie zu ihrem Dorf nicht mehr zurückkehren konnte, weil es viel Wasser vom Fluss gab und Frau A. keinen Stützpunkt mehr hatte, um sich abzustoßen. Sie sprang einige Zeit auf einem Platz und sah dann, dass auf dem Fluss Eisschollen treiben. Diese wurden für Frau A. zu den Punkten, von welchen sie sich abstoßen konnte. Sie erreichte wieder ihr Ziel und war im Dorf. Was Frau A. interessant fand, dass sie im Traum immer eine Bubenhose angezogen hatte, als ob es speziell so war, damit sie sich bequem fühlte, wenn sie sprang. Sie erinnerte sich, wie ihre Mutter ihr oft sagte, wenn Frau A. als Kind draußen spielen wollte: „Zieh dir deine Hose an, wenn du laufen und klettern möchtest!" Als Kind träumte sie eine bestimmte Hose, die sie in ihrer Kindergartenzeit hatte. Als Erwachsene merkt sie nicht mehr, wie sie angezogen ist.

Immer, wenn Frau A. begann, diesen Traum zu träumen, ging ihr der Atem wegen des Sprungs aus, dann aber gewöhnte sie sich an diese Gefühle und interessierte sich weiter nur dafür, dass sie einen Punkt finden musste, von welchem sie sich abstieß.

Frau A. malte diesen Traum. Sie benutze dafür Acrylfarben. Sie suchte bestimmte Farben aus und bereitete sie auf der Palette vor. Sie fing an, vom Zentrum des Blattes zu malen. Sie malte sehr zuversichtlich, als ob sie schon genau wusste, was sie malen sollte. Während des kreativen Prozesses wählte sie noch einige Farben. Am Anfang war sie relativ zurückhaltend, dann konzentrierte sich nicht mehr und alle Emotionen kamen sehr schnell zum Papier. Frau A. erzählte, welche Gefühle sie beim Malprozess hatte und was zu ihr kam, als sie das Bild anschaute: „Ich wusste genau, wie ich zu malen beginne, welche Farben ich brauche und wie mein Traum als Bild aussehen soll. Ich hatte sehr beruhigende Gefühle, als ich malte. Stille und Zufriedenheit waren dabei. Wenn ich das Bild anschaue, erinnert es mich an mein Haus und die Gefühle, die ich im Traum hatte. Das Bild muss man nicht verändern, alles ist hier an seinem Platz. Die Farben sind meine Lieblingsfarben und es ist für mich angenehm, sie anzuschauen. Es gibt einen Menschen im Boot. Das bin ich. Die Häuser sind von meinem Dorf. Ich liebe den Wald und die Bäume, deshalb gibt es einen Baum auf dem Bild. Im Traum sah ich alles sehr detailliert: das Dach und die Nägel im Schiefer, die Wege und Menschen usw. Auf dem Bild war es mir aber sehr wichtig, welche Farben ich nehme, wo sie auf dem Papier sind und wie ich das male. Ich fühle mich sehr gut, wenn ich das Bild anschaue, alles ist gut!"

Abbildung 13: „Traumdarstellung", Frau A.
Das Originalbild ohne Beschriftungen befindet sich im Anhang (Abb. 33, S. 155).

Frau A. versuchte sich an jeder Stelle von dem Traum-inhalt zu realisieren und den Traum aus jeder Perspektive darzustellen.

Das Dach des Vatershauses

Als Frau A. sich von dem Dach ihres Vatershauses ab-stieß, fühlte sie sich groß, einigermaßen erwachsen. Sie konnte alles sofort aus einer neuen Sicht sehen und be-obachten. Es war für sie auch spannend, immer weiter zu gehen. Sie fühlte sich glücklich, obwohl sie Höhenangst hat, und dieses Gefühl kitzelte ihre Nerven. Das Haus, das von ihrem Vater gebaut wurde, stand immer noch da. Sie konnte immer zurückkehren.

Das Dach: Als Dach fühlte sich Frau A. ganz fest. Sie war immer zur Unterstützung da. Es war wieder ein Kind aufgewachsen und das Kind wollte weg. Sicher war es ein bisschen traurig, aber sie kommen immer wieder zurück. Sie brauchen Frau A. Sie ist der Ort der Kraft, die Energiequelle für die ganze Familie.

Ein Dach

Die Dächer von anderen Häusern gaben Frau A. die Möglichkeit, das Dorf und alle anderen Gegenstände aus einer anderen Position anzuschauen und zu beobachten. Das war immer interessant und sie war neugierig darauf, sich von anderen Dächern abzustoßen.

Die Dächer: Als Dächer fühlte sie sich ganz fest, nichts konnte sie stören. Als Dächer gab sie Wärme und Sicherheit.

Der Weg

Der Weg war immer ganz interessant. Wege erweckten ihre Neugier: Was gibt es wohl dort hinter der Kurve? Als Frau A. flog, konnte sie nicht nur auf dem Weg landen, sondern der Weg konnte ihr helfen, ihre Sprünge zu ordnen.

Der Weg: Frau A. führte alle zu ihren Zielen. Sie war endlos und unterschiedlich. Dort gab es immer ganz verschiedene Leute, die sie brauchten, die liefen, gingen, sprangen oder auch flogen. Manchmal nicht genau mit ihr, aber sie alle brauchten zu wissen, dass Frau A. da war.

Die Bäume

Die Bäume schauten gefährlich aus und sie musste immer einen aussuchen, der ganz sicher war und nicht brechen konnte. Von denen konnte sie höher springen und mehr sehen, im Wald war es besser, nicht von dem Boden abzustoßen, sondern von den Bäumen.

Die Bäume: Frau A. empfand sich als einen der Bäume. Sie waren im Wald. Da gab es ganz viele Bäume und Tiere, Leute trafen sie aber seltener. Sie mochten die Menschen nicht, besonders, wenn sie von oben hinkamen und sich von ihnen abstoßen wollten.

Das Boot

Es war immer anders, wenn sie sich von einem Boot (Holz, Eis) abstoßen wollte. Sie sind auf dem Wasser und Frau A. fühlte sich ganz unsicher, als sie von mehreren eines aussuchen musste. Aber in ihrem Traum gelang es ihr immer gut und sie stolperte niemals.

Das Boot, Holzstämme, Eisschollen: Frau A. empfand sich als eine von ihnen. Sie trieben auf dem Wasser. Sie waren schnell und konnten gut manövrieren. Die Menschen brauchen sie, um sich sicherer auf dem Wasser zu fühlen. Sie ließen zu, von den Menschen gebraucht zu werden.

Nach dem ersten Treff hatte Frau A. ein sehr leichtes Gefühl und war mit dem Bild und den Gedanken, die sie hatte, zufrieden. Es gab noch keine bestimmte Idee, was genau beim nächsten Treffen gesehen soll, Frau A. war aber sehr entspannt, wie der ganze Prozess weiter verlaufen wird.

Fotografieren

Als Treffpunkt für den zweiten Teil der Arbeit wurde ein Park in Wien gewählt. Es war wichtig, dass es im Traum Wasser und Bäume gab. Es fand zuerst ein Spaziergang im Park statt. Während des Spazierganges erzählte Frau A. über sich, wo sie wohnte, was sie studierte, welche Schwierigkeiten in ihrem Leben passierten und wie sie alles schaffte. Sie lachte viel und war sehr positiv gelaunt. Die

Hauptmomente des Traums waren die Sprünge. Es wurde versucht, sich auf diese Momente zu konzentrieren. Nachdem der Park schon untersucht worden war, wurden verschiedene Plätze für Fotoshooting gewählt. Frau A. stellte sich vor, dass sie in ihrem Traum war. Sie sprang und lachte. Sie sprang wirklich viel und so hoch, wie es von ihrer Seite nur möglich war. Es gab zwei Stunden für diesen Teil und die Hälfte der Zeit sprang Frau A. und lachte. Es gab sehr lustige Momente, als es die Vorstellungen des Bildes schon gab, aber die Ergebnisse waren ganz anders. Diese nicht geplanten Bilder wurden dann akzeptiert und gewählt. Frau A. arbeitete sehr viel körperlich. Dafür brauchte sie Kraft und Energie. Sie sprach während der Sprünge. Die ganze Zeit wirkte Frau A. sehr glücklich und energisch.

Abbildung 14: „Der Sprung ins Wasser", Rinata Güttlein
Die ganze Fotoserie des Traums befindet sich im Anhang
(Abb. 34-37, S. 156-157).

Frau A. beschrieb ihre Gefühle nach dem Fotoshooting einfach und kurz: „Ich fühlte mich sehr frei und sorglos. Ehrlich gesagt hatte ich keine Verbindungen zu dem Traum, weil ich im Traum sehr leicht sprang, nicht so viel Kraft brauchte, wie es in der Realität war. Leider konnte ich auch nicht so hoch springen, wie ich das im Traum schaffte. Auf jeden Fall war es sehr lustig. Ich fühlte mich, als ob ich ein Kind wäre und mir keine Sorgen darüber machte, was die Menschen im Park über mich denken. Außerdem war es sehr angenehm zu sprechen und spazieren zu gehen! Ich war an diesem Tag frei, weil ich diese Stunde für mich selbst hatte, und ich bin sehr dankbar dafür!"

Analysieren, das Problem entdecken

Der dritte Teil der Traumarbeit dauerte zwei Stunden. Es fanden Gespräch- und Kreativstunden statt. Frau A. erzählte mehr Details über ihren Traum. Sie fing an, diesen Traum zu träumen, als sie ca. 10 Jahre alt war. Nachdem sie vor ein paar Jahren nach Wien umgezogen war, träumte sie diesen Traum nicht mehr. Sie teilte „das Leben des Traums" in Kindheit, Studentenzeit und Umzug nach Wien auf. Als sie ein Kind war, wohnte sie in einem Dorf und träumte diesen Traum relativ oft. Nach der Schule zog sie in eine Stadt um, sie träumte den Traum weiter, aber nicht mehr so oft. Als sie nach Wien umzog, träumte sie diesen Traum gar nicht mehr. Je weiter sie von zu Hause wegzog, desto mehr entfernte sich ihr Haus von ihr im Traum, und sie schaute nur in die Richtung des Vatershauses, war aber im Traum immer weiter und weiter von zu Hause entfernt.

Frau A. bekam alle Fotos vom Fotoshooting. Sie schaute sie an und hatte angenehme Gefühle. Sie sagte: „Jetzt bin ich so zufrieden, fröhlich, aber ich schaue die Fotos an und sehe, was ich früher erreichte. Jeder Sprung auf den Fotos bedeutet für mich eine Stufe. Wie gehe ich z. B. studieren, dafür musste ich eine Prüfung bestehen. Ich schaffte diese Prüfung und konnte Studentin sein. Das war für mich ein großer Sprung. Dann schaffte ich mein Studium in Wien. Ein fremdes Land und eine Fremdsprache sind noch weitere Stufen für mich, die ich auch erreichte. Noch ein Sprung. Der wichtigste Sprung für mich ist die Geburt meiner Tochter. Ich springe. Ich gehe. Ich erreiche!"

Warum zieht das Vatershaus sie an und was bedeutet es für sie? Sie versuchte eine Antwort zu finden. Dafür stellte Frau A. das Vatershaus als einen ursprünglichen und zentralen Stützpunkt vor. Während dieser Vorstellungen hatte sie Gefühle tief im Bauch. Sie schloss die Augen und sah die gelbe Farbe. Frau A. berichtete über ihre Gefühle weiter mit geschlossenen Augen: „Ich fühle jetzt etwas so tief in mir. Ich weiß nicht, wie ich das erklären soll. Das ist sehr tief, das tiefste, was es in mir gibt. Das bin ich! Ich möchte dieses Haus von meinem Traum sein. Und ich bin das Haus. Ich möchte der Anfang für meine Familie, für unsere Kinder sein. Ich möchte eine neue Zukunft, eine helle Zukunft haben. Es wird dort ruhig und friedlich sein. Ich sehe dieses zerstreute Licht, das ist ein gutes Licht! Ich beobachte weiter...". Sie machte eine kurze Pause und setzte dann ihre Erzählung fort: „Ich fühle Stabilität und Sicherheit. Was auch geschehen mag, ich bin trotzdem dort...", in diesem Moment fing sie an zu weinen. Frau A. war irritiert, sie versuchte aufzuhören zu weinen, Emotionen waren aber stärker als ihre Kontrolle und sie weinte einfach weiter. Als Frau A. sich beruhigte, fuhr sie fort: „Jetzt weiß ich ganz genau, was das Vatershaus in meinem Traum für mich bedeutet. Ich muss immer zurückblicken und vergleichen, wie es bei mir zu Hause war und wie es jetzt bei mir ohne das Vatershaus ist. Ich brauche immer diese Bestätigung von mir selbst: Ja, hier machtest du alles richtig (wie zu Hause), in diesem Fall muss es anders sein, so, wie es zu Hause war. Das Vatershaus hält mich so sehr fest, obwohl ich schon lange nicht mehr dort wohne. In meinem Herzen ist aber immer mein Vatershaus", sie weinte wieder, „ich weiß nicht, warum ich jetzt weine. Das ist aber so einfach. Eigentlich bin ich immer nicht genug zufrieden mit allem, was ich habe und erreiche, obwohl ich jetzt gut lebe, in einer schönen Stadt, wo ich auch schon viel erreichte. Ich schaue aber immer zurück und denke, dass es noch nicht gut genug ist, damit es mir so gut wie dort ginge. Ich versuchte immer, meine Tochter dorthin mitzubringen, weil ich dachte, dass es der perfekte Platz für Kinder ist, als ob die Kinder nirgendwo ihre schöne Kindheit haben könnten. Das Haus meiner Tochter ist aber hier, in Wien, und ich muss ihr nicht meine Wünsche und Sehnsüchte aufzwingen. Das verstehe ich jetzt so gut! Ich dachte schon darüber nach, aber nicht aus der Perspektive meines Traums. Ich weiß aber nicht, was ich damit weiter machen soll. Ich meine, wie ich weiter mit dieser Information und diesen Gefühlen umgehen soll. Ich brauche jetzt Zeit, alles noch mal in Ruhe zu analysieren." Dann schaute sie die Fotos an und sprach über sich selbst in der dritten Person: „Sie schaut immer dorthin und ein Teil von ihr ist immer dort, was wunderschön und doch schrecklich ist, weil sie eigentlich nicht frei ist...", Frau A. weinte und dachte über sich selbst nach, als ob sie eine andere Person wäre. Einiges erzählte sie in der „ich-Form", bei anderen Sachen war für sie vielleicht leichter, sich von sich selbst zu distanzieren, in diesem Fall bezeichnete sie sich als „sie". Als Frau A. wieder die „sie-

Form" benutzte, wurde ihr die gestalttherapeutische Technik „Arbeit mit dem leeren Stuhl" von Perls vorschlagen. Diese Technik entwickelte Perls nach einem Psychodrama (Moreno) weiter (vgl. Slunecko, 2017, S.223). Mit dem leeren Stuhl bekommen die Klienten eine Möglichkeit, mit ihren Projektionen oder Trauminhalten zu kommunizieren (vgl. ebd.). „Der leere Stuhl füllt sich durch die Worte" (ebd.). Das Rollenspiel wird so übernommen, dass es auch möglich ist, die Stimme zu wechseln, z. B. wenn die Klienten in ihrem Stuhl mit ihrer eigenen Stimme und im leeren Stuhl mit einer kindlichen Stimme sprechen (vgl. ebd.).

Frau A. stellte sich vor, dass im leeren Stuhl ihr gegenüber sie selbst aus ihrem Traum sitzt. Sie schaute ohne Wörter. Es wurde gefragt, wie die Frau aus dem Traum aussieht? Frau A. meinte, dass die Frau aus dem Traum sehr müde ist. Sie vermutete, dass diese Frau müde ist, weil sie viel Kraft in die Sprünge investierte. Ferner wurde Frau A. gefragt, was für die Frau aus dem Traum hilfreich sein könnte, damit sie sich erholen kann? Frau A. antwortete, dass die Frau aus dem Traum einfach anhalten und nicht mehr zurückspringen soll, sondern weiter, zu ihrem eigenen realen Leben gehen soll, ohne zu schauen, wie es ihr in ihrem Vatershaus geht, ohne zu vergleichen, ob sie alles genauso wie ihre Mutter macht. Die Augen der Frau A. waren rot und feucht. Sie sagte, dass jetzt bei beiden alles gut wird. Frau A. atmete durch und lächelte. Das war ein Signal dazu, eine kreative Arbeit vorzuschlagen und langsam zum Schluss der Traumbearbeitung zu gehen.

Frau A. wählte ein Foto von allen Fotos, die sie am Anfang der Sitzung bekam, nahm einen Pinsel und Farben (Acryl und Gouache) und fing an, ihre Gefühle zu gestalten. Sie schnitt das Foto aus, klebte es auf das Papier und malte um dieses Foto herum. Die Klientin benutzte nur zwei Farbtönungen: grün und hellgrün, gelb und dunkelgelb. Während des Prozesses beruhigte sie sich noch mehr, sie hatte wieder einen ruhigen Atem. Sie malte das Bild so, als ob sie einen Plan gehabt hätte. Ihre Bewegungen waren sehr sicher und ruhig. Sie war mit dem Bild schnell fertig und fing sofort an zu erzählen, was ihr Werk für sie bedeutet. Es war keine Notwendigkeit da, Fragen zu stellen – Frau A. wusste schon alle Antworten für sich selbst.

Abbildung 15: „Dialog mit sich selbst", Frau A.

„Ich wählte dieses Foto von allen, weil ich bei diesem Foto so frei und zufrieden bin. Genau diese Gefühle hatte ich in meinem Traum. Ich schnitt das Foto aus, weil ich für mich einen Rahmen geben möchte. Ich zeige diesen Rahmen mit der gelben Farbe. Die gelbe Farbe sah ich, als ich nach meinen Gefühlen zu den Bildern suchte. Ich hatte geschlossene Augen und sah die gelbe Farbe. Grün liebe ich einfach so! Ich assoziiere die grüne Farbe mit dem Wald, mit Bäumen. Diese Farbe ist sehr stark und beruhigend. Ich fühle mich sehr wohl in dieser kleine Höhle, ich muss nicht mehr weiter springen, weil ich schon zu Hause bin. Ich bleibe da! Diese gelbgrüne Höhle ist mein Zuhause. Ich suchte dieses Haus in meinem Traum viele Jahre und brauchte Zeit, um zu verstehen, dass ich dieses Haus schon fand. Ich musste das einfach wahrnehmen und akzeptieren! Jetzt bin ich endlich zu Hause! Das ist sehr angenehm zu verstehen, dass ich eine Ruhe finden kann, weil ich nicht mehr weiter springen muss. Ich fühle mich leicht und frei! An diesen neuen Zustand muss ich mich noch gewöhnen. Das schaffe ich auf jeden Fall, weil ich schon weiß, was ich jetzt schaffen soll, und dafür überhaupt nicht springen muss. Danke für die Möglichkeit, das zu verstehen!"

3.1.2.3 Beispiel 3: Die Wahl (Herr V., 47)

Gespräch und Malen

Herr V. kam mit einer unklaren Geschichte seines privaten Lebens. Dazu sah er einen verschwommenen Traum. Im Traum gab es ihn, eine Frau und vermutlich ihren Sohn. In der Realität waren sie einige Zeit zusammen. Sie sind beide geschieden und haben eigene Kinder. Herr V. träumte, dass sie in einem Zimmer zusammen waren. Die Frau schaute ihn an und in ihren Augen sah er eine Verabschiedung von ihm. Einerseits war er im Traum traurig, dass sie nicht mehr zusammen sein können, andererseits musste er eine Entscheidung treffen, ob er mit ihr bleibt oder von ihr weggeht. Undeutlich sah er im Traum noch eine Person und vermutete, dass es ihr Sohn war. Herr V. meinte, dass diese Frau im realen Leben in der „Mutter-Kind-Beziehung" sehr dominant ist. Herr V. hatte einen inneren Konflikt wegen des Erziehungssystems in dieser Familie. Er erzählte außerdem, dass er auch einen ähnlichen Konflikt mit seiner Ex-Frau hatte. Er erinnerte sich, wie es in seiner Familie geschah, als er ein Kind war. Der Vater hatte eine stärkere Rolle als die Mutter und die wichtigsten Entscheidungen wurden vom Vater getroffen. Im Traum stand Herr V. neben der Tür und wollte weggehen. Er schaute die Frau an. Sie verabschiedete sich von ihm ohne Wörter, die Augen schrien aber: „Bleib bei mir, geh nicht weg!" Er stand und wartete, er musste sich entscheiden und eine Wahl treffen. An den weiteren Verlauf des Traums erinnerte er sich nicht mehr.

Nach der Erzählung des Traums gab es einen Versuch, kreativ zu arbeiten. Es war schwer für Herr V., den Traum in irgendwelche Formen zu bringen. Es gab nur eine Empfindung des Traums. Die Gestalt des Traums kam aber nicht. Herr V. stellte es sich so vor, als würde er jetzt träumen und aufwachen. Er meinte, dass es im Traum sehr eng war. Beim Aufwachen wurde es klarer und das Gefühl der Enge verschwand. Es war für ihn angenehm, im Traum zu sein. In der Realität fühlte er sich unsicher. Um doch zu versuchen, den Traum in eine Form zu bringen, wurde Herrn V. empfohlen, unwillkürliche Linien dazu zu zeichnen.

Abbildung 16: „Die unwillkürlichen Linien", Herr V.

Er nahm einen Filzstift, zeichnete und imaginierte mit geschlossenen Augen, gleichzeitig erzählte er, welche Gedanken und Gefühle zu ihm kamen. Dabei kamen zu ihm zwei folgende Assoziationen:

1. Herr V. sah seine Mutter, die im Bett schlief. Er war auch zu Hause und wollte so still wie möglich hinausgehen. Er schaute eine Sekunde, wie seine Mutter schlief. Er hatte ein sehr gemütliches Gefühl. Dann ging er hinaus und kaufte Obst. Er war in seiner Heimatstadt. Es war früh und frisch.

2. Die zweite assoziative Imagination brachte Herrn V. zu einer erotischen Fantasie. Er hatte in dieser Fantasie Sex mit einer Frau. Es war eine Erinnerung an die Vergangenheit.

Er öffnete die Augen und nahm ein neues Blatt Papier und Pinselstifte.

Abbildung 17: „Dialog mit sich selbst", Herr V.

Mit jeder neuen Farbe begann Herr V. eine neue Geschichte zu erzählen. Er sprach über Kinder und Beziehungen. Der Klient verglich seine Ex-Frau mit der Ex-Freundin – der Frau aus dem Traum. Insbesondere sprach er über das Erziehungsproblem, dass ihm beide Beziehungsmodelle zwischen Müttern und Kindern nicht passten und deshalb die Beziehungen mit beiden Frauen beendet wurden. Je mehr Herr V. über diese Beziehungen sprach, desto mehr wurde sein Traum wieder klarer. Er sprach über seinen Weg, den er gehen muss. Er brauchte viel Kraft, Energie und Konzentration für diesen Weg. Er verstand, dass unstabile Beziehungen ihn sehr stark aufhalten. Herr V. meinte, dass er sein Ziel nicht erreichen würde, wenn er weiter in diesen Beziehungen geblieben wäre.

Das dritte Bild war ein Versuch, den Traum zu zeigen. Herr V. zeichnete weiter mit den Pinselstiften und versuchte jeden Trauminhalt mit einer bestimmten Farbe auszudrücken. Er meinte, dass alle vier Inhalte sehr stark miteinander verbunden sind und es ihm schwer zu unterscheiden war, welche Farbe zu welchem Inhalt gehört. Herr V. bezeichnete die Trauminhalte als „er", „sie" und „ihr Sohn".

Abbildung 18: „Traumdarstellung", Herr. V.

Während dieser Sitzung versetzte sich Herr V. nicht in jede Rolle des Trauminhalts. Er wollte damit im Fotoprozess experimentieren. Sein Wunsch war es, sich mit jeder Person körperlich zu identifizieren. Herr V. hatte bereits Erfahrungen im Verfahren „Familienaufstellung" und war sehr inspiriert, den Traum auch auf diese Weise zu bearbeiten.

Fotografieren

Der Prozess des Fotografierens lief in einem Raum ab. Herr V. sprach nicht viel an diesem Tag. Er versuchte sich so stark wie möglich in jede Rolle zu vertiefen. Der Klient benutzte die Erfahrung, die er in den Familienaufstellungen sammelte. Während einer Aufstellung mit körperlichen Bewegungen können sich Lösungen eines Problems ergeben (vgl. Schäfer, 2004, S. 18). Herr V. durchlebte jede Person von seinem Traum. Er brauchte Zeit, um sich jedem Helden anzunähern. Er erzählte nichts, er war einfach tief drinnen. Er schloss die Augen, dann öffnete er sie wieder. Er stand, ging, saß. Er suchte den Raum und sich selbst im Raum. Fotografiert wurde ohne Kommentare.

Abbildung 19: „Entscheidungsprozess", Rinata Güttlein
Die ganze Fotoserie des Traums befindet sich im Anhang
(Abb. 38-43, S. 158-160).

Für das Fotoshooting und Nachgespräche wurden zwei Stunden gebraucht. Herr V. erzählte, welche Gefühle, Gedanken und Emotionen zu ihm kamen. Er meinte, dass er sich am Anfang der Aufstellung in jeder Rolle bequem fühlte. Er spürte eine Verschmelzung von allen Traumteilen. In jedem Teil hatte er angenehme Gefühle, weil alle Teile zu ihm gehörten. Der Übergang von einer Rolle zu der anderen war logisch und fließend. Herr V. nahm alle Rollen wahr und akzeptierte sie. Er fühlte, dass jeder Teil unabhängig von den anderen Teilen ist. Dann hatte er aber das Gefühl, dass die Rollen „die Frau" und „das Kind" sehr verbunden waren. Die Frau und das Kind verschmolzen miteinander. Das Kind löste sich in der Mutter auf. Dann kam ein Gefühl der Schwere. Herr V. konnte nicht mehr bei der Frau und dem Kind bleiben. Er war ein bisschen traurig. Er verstand, dass er diese Situation sein lassen sollte. Das gehörte nicht mehr zu ihm. Er atmete durch. Ihm wurde leichter, als sie (die Frau und das Kind) weggingen. Herr V. fand sich selbst als ein Ganzes. Der Raum und die Zeit waren für ihn. Er hatte kein Schweregefühl mehr. Herr V. war ruhig und nachdenklich. Er erzählte, dass er eine wichtige Entscheidung treffen sollte. Damit wurde die zweite Sitzung abgeschlossen und das Thema „Entscheidung treffen" blieb für die dritte Sitzung.

Analysieren, das Problem entdecken

Der dritte Teil der Arbeit fand ohne kreative Arbeit statt. Herr V. schaute die Fotos vom Fotoshooting an und überlegte, was ihm die ganze Traumarbeit bringt. Er meinte, dass seine Wahl schon längst getroffen wurde. Als er nur den Traum sah, geschah damals schon alles. Der Kreuzweg von vielen Richtungen seines Lebens fand sich in einem Traum. Es mussten in einem kurzen Moment viele Entscheidungen getroffen werden. Herr V. befand sich im Prozess des Verabschiedens von der Frau. Er sollte aus einem Land in ein anderes umziehen. Er fing an, ein eigenes Projekt in seiner Arbeit zu entwickeln und wusste noch nicht, wie das Projekt funktionieren sollte. Herr V. brauchte viel Kraft, um alles gleichzeitig zu schaffen. Er zweifelte, deshalb sah er sich im Traum in mehreren Projektionen. Er meinte, dass er während der Körperarbeit in der zweiten Sitzung die zu ihm nicht passenden Teile intuitiv löschte. Außerdem meinte Herr V., dass er schon im Traum viele Antworten bekam und wusste, was er weiter mit dieser Information machen wird. Darüber wurde nicht detailliert nachgefragt. Herr V. meinte, dass er an sich selbst noch viel arbeiten muss, um seine innere Ruhe zu erlangen. Eine Pause bei dieser Arbeit braucht er aber auch. Die Traumarbeit mit Herrn V. wurde damit abgeschlossen.

3.1.2.4 Beispiel 4: Im Ozean (Herr M., 40)

Gespräch und Malen

Der Traum von Herrn M. spielte sich in einer karibischen Landschaft ab. Herr M. war dort in Wirklichkeit noch nie. Die Landschaft bestand aus einem weißen Strand mit Gruppen von Palmen. Der Strand ging flach in den Ozean über, der aus reinem Wasser bestand, in dem genau so klar und deutlich gesehen werden konnte, wie an Land. In diesem klarem Wasser tauchte Herr M. Er bewegte nur wenig die Arme und die Beine und schwebte unter Wasser. Seine Augen waren geöffnet und sahen klar den Boden des Ozeans, auf dem keine Pflanzen wuchsen. Der Ozean bestand nur aus Wasser und einem sandigen Boden. Er hörte keine Geräusche unter Wasser, denn der Ozean war ruhig und hatte kaum Wellengang. In diesem Ozean schwebte er eine längere Zeit und musste auch nicht auftauchen, um Luft zu holen. Über seine Empfindungen berichtete Herr M. Folgendes: „Wie ein Fisch konnte ich mich unter Wasser halten und natürlich bewegen. Ich war nicht nackt unter Wasser und trug eine blaue Schwimmwindel mit babyhaften Motiven. Sie ließ mich ein Baby zu sein und in der Rolle eines Babys war ich unter dem Wasser und fühlte mich hinein: Ich freute mich über das klare, warme Ozeanwasser und fühlte keine Zeit. Ich fühlte nur Geborgenheit, Verbundenheit mit dem Wasser und ungestörte, friedliche Ewigkeit."

Herr M. nannte seinen Traum: „In einer Blase der Geborgenheit und Selbstsicherheit atme ich frei im Ozean des Unbegrenzten." Seiner Aussage nach fließen in diesen Titel mehrere Dinge ein, die ihn in den letzten Monaten beschäftigten.

Herr M. träumte den Traum, als er im Krankenstand wegen Erkältung war. Er sah diesen Traum mehrere Male im Laufe einer Woche. Der Traum tauchte in der Nacht auf und in den darauffolgenden Nächten stieg Herr M. wieder in diesen Traum ein und erlebte und durchlebte ihn nochmals. Der Traum bildete einen Zustand, ein Gefühl ab, das Herrn M. seit mehr als einem halben Jahr intensiv beschäftigte: Es ist das Hereinholen von der Babysphäre und Babyelementen in sein privates Leben, das Wickeln und Schlafen in Windeln jede Nacht sowie das Verheimlichen dieses babyhaften Lebensstiles vor seiner Umgebung.

Auf dem Bild zeichnete er sich mit Schwimmwindeln im Ozean schwimmend. Sonne, Wolken, Palmen, Berge und Strand waren weitere Elemente auf dem Bild, in die er sich einfühlte. Die erste Einzelübung war ein künstlerisches

Überführen des Traums in eine Zeichnung auf Papier. Herr M. zeichnete mit Aquarellbleistiften und benutzte Wasser für Nasseffekt auf dem Bild. Er war sehr zufrieden damit, wie das Bild am Ende aussah.

Abbildung 20: „Traumdarstellung", Herr. M.
Das Originalbild ohne Beschriftungen befindet sich im Anhang (Abb. 44, S. 161).

Nach dem Zeichnen versuchte Herr M., sich mit jedem Element des Traums zu identifizieren.

<u>Er</u>

In der Rolle von sich selbst fühlte sich Herr M. sehr ruhig und angenehm. Das Wasser war warm und er bewegte sich im Wasser ungezwungen und frei. Er spürte keinen Leistungsdruck und durfte sich einfach, ohne nachzudenken, treiben lassen.

Wolken und Sonne

Als Sonne und Wolken spürte Herr M. viel Kraft und Mut in sich selbst. Er hatte keine Angst, oben zu sein. Das war ein sehr schönes Gefühl für Herrn M.

Palmen

Herr M. lächelte und stellte sich mit großem Vergnügen als eine oder zwei-drei Palmen zusammen vor. Er sprach dann fließend und zufrieden: „Ich liebe mich so sehr! Ich bin einfach schön! Die Menschen brauchen mich, weil sie mich auch lieben! Vielleicht lieben die Menschen mich so sehr, weil ich mich selbst so liebe?! Ich stehe dort, wo ich stehen soll, ich muss nirgendwohin weggehen. Hier ist mein Platz und er passt mir sehr gut! Ich bleibe da, so wie ich bin! Ich bin sehr glücklich!"

Wasser

Herr V. meinte, dass er als Wasser eine helle Seite von sich selbst fühlte: „Diese Seite wollte nur Gutes meinen und machen und niemanden stören oder schaden."

Sand

Herr M. spürte, wie er seine Teile verlor, als ob kleine Sandkörnchen im Ozean verschwunden waren. Das Gefühl, dass er etwas verlor, hatte er aber nicht. Das, was passierte, akzeptierte er und war damit einverstanden.

Berge

Es war schwer für Herrn M., sich im Objekt „Berg" zu finden. Er konnte das nicht erklären, warum er in diese Rolle nicht einsteigen konnte. Herr M. vermutete, dass es für ihn nicht einfach war, weil die Berge im Traum uneindeutig sind. Er wusste, dass es dort Berge gab, sah sie aber nicht so klar.

Wind

Obwohl Herr M. den Wind auch nicht sah, konnte er sehr gut seine Gefühle von der Windseite beschreiben. Als Wind war Herr M. sehr kräftig und hatte viel Energie für seine Kraft. Außerdem konnte Herr M. in dieser Rolle entscheiden, wohin er fliegen sollte. Außerdem war es angenehm, dass er nicht nur eigene Richtung kontrollieren konnte, sondern auch die Richtungen für die Wolken am Himmel und Wellen auf dem Wasser. Herr M. fühlte seine eigene Macht. Während der Erzählung über seine Windgefühle veränderte sich seine Körperhaltung – er setzte sich gerade.

Zum Schluss der Sitzung meinte Herr M., dass er während dieser Übung so deutlich seine Stärken und Schwächen sah. Er hörte an, was er sagte, und machte Pausen zwischen den Wörtern. Er wiederholte manchmal die Sätze, als ob er sich selbst noch besser zuhören wollte. Er war nachdenklich und dankbar.

Fotografieren

Herr M. meinte, dass die zweite Einzelübung ein Durchbruch für ihn war, an den er sich, auch mehr als drei Wochen danach, fast minutiös erinnern konnte. Er beschrieb die Erfahrung des Fotospazierganges so: „Ich weiß den genauen Verlauf des Spazierganges, weiß noch die Stelle, wo ich Fotos vom Wasser machte und die Stelle auf der Parkbank, an der ich das Bild komplettierte und sich zwei wichtige Maßnahmen ergaben." Seiner Meinung nach wurde dieser Durchbruch durch das Spazierengehen bei klaren Verhältnissen in frischer Luft und „unter einem freundlichen blauen Himmel" ermöglicht. Bei diesem Spaziergang konnte Herr M. seine Gedanken und Gefühle so freisetzen „wie ein Vogel, der keinen Käfig verspürt" und diesen tatsächlich auch nicht hat. Ein zweiter Aspekt war das Hereinholen der Zeichnung in die reale Welt, wodurch die Elemente des Traums den Elementen in der Natur begegneten. Der Traum, den er „realistisch" träumte (reale Farben, richtige Größenverhältnisse), fand teilweise seine Rückübertragung in die Welt mit ihren realen Farben und ihren gewohnten Dimensionen.

Den Durchbruch verspürte Herr M. beim aufmerksamen und zugleich absichtslosen Betrachten des Wassers. Er erzählte seine Gedanken über eine kunsttherapeutische Übung zum Thema „Baum", welche unabhängig von der Traumarbeit gemacht wurde. Die Erfahrung von dieser früheren Sitzung brachte aber zum Thema „Traum" eigene Symbole. Herr M. beschrieb diese Verbindung zwischen zwei Themen „Baum" und „Traum" so: „Ein Baum bewegt sich zwar in die Höhe und in die Tiefe (Erde), er kann aber seinen Standpunkt nicht verändern." So bekam Herr M. den Eindruck, dass er sich im Wasser selbst aus freiem Willen heraus bewegen kann. Das Verweilen im Wasser unterhalb der Wellen gab ihm ein Gefühl von Sicherheit, Geborgenheit und Zufriedenheit. Er konnte diesen gefühlten Zustand „auskosten und genießen, in ihm verharren". Zugleich gab ihm dieser Zustand so viel Selbstvertrauen, dass er sich mit Neugier unter Wasser fortbewege und seinen Standort verließ, ohne dabei so etwas wie Verlust zu erfahren und zu spüren. Die Neugier an der Erweiterung seines eigenen Aktionsfeldes wurde durch die Freude und den

Stolz darüber belohnt, über sich selbst hinausgegangen zu sein.

Herr M. war die einzige Person von allen Teilnehmern des praktischen Teils der Arbeit, die den Trauminhalt selbst fotografierte. Für Herrn M. war es wichtig, irgendein Objekt im Wasser zu fotografieren. Dieses Objekt sollte nicht unbedingt er selbst sein. Als Objekt im Wasser wurde eine kleine Feder gewählt, die sich auf der Oberfläche bewegte und in diesem Moment fotografiert und gefilmt wurde.

Abbildung 21: „Im Ozean", Herr. M.

Während des weiteren Spazierganges erzählte Herr M., was er momentan fühlte. Mit spontanen Gedanken kam er zum Thema „Fliegen im Flugzeug". Dieses Unbehagen bewahrt Herrn M. davor, „in schöne Gegenden in weit entfernte Länder zu reisen".

Auf einer Bank im Park, in dem auch die Fotos und Videos des Wassers gemacht wurden, komplettierte Herr M. das Bild, das er in der ersten Sitzung malte: Ein Flug-

zeug und einige Vögel im Himmel sowie zwei Fische brachten Bewegung in das Bild.

Abbildung 22: „Dialog mit den Ängsten", Herr. M.

Im weiteren Gespräch erzählte Herr M., welche Emotionen das Bild bei ihm herausrief: „Wenn ich das Bild nun
betrachte, so ist es fertig und es bedarf keiner weiteren
künstlerischen Überarbeitung (übermalen)." Er berichtete
darüber, dass er sich auf der Parkbank entschied, einen Flug
nach Innsbruck im Frühjahr zu buchen und dies auf Papier
festzuhalten. Da die Landung und der Abflug in Innsbruck
zu den herausforderndsten in Europa für Piloten zählen,
sollten ihn nach diesem Flug, seiner Meinung nach, alle
anderen Flüge nicht mehr so sehr aufregen und keine un-
wohlen Gefühle mehr hervorrufen.

Der Flug nach Innsbruck wird in diesem Fall als eine
Übung gemacht. Die Ergebnisse dazu werden später kommen und dokumentiert. Außerdem wurde eine weitere

Übung vorgeschlagen: Da Herr M. in seinem Traum sich selbst im Wasser sah und als Fotoobjekt ein anderes Objekt als sich selbst bzw. eine Feder wählte, wurde ihm angeboten, dass er selbst zu Hause eine warme Badewanne nimmt, damit er körperlich und meditativ diese Seite des Traums in der Realität erleben könnte. Herr M. führte diese Übung gerne durch und berichtete über seine Erfahrung: „Ausgekühlt vom längeren Spaziergang und dem Aufenthalt in der Natur begab ich mich auf den schnellsten Weg nach Hause. Während das heiße Badewasser in die Badewanne lief, wickelte ich mich auf dem Boden und stieg mit einer normalen Windelhose mit mehreren Stoffwindeln darin in das Badewasser." Es war für ihn angenehm warm und behaglich, wie in einem Brutkasten. Er hielt mehrmals die Luft an und blieb so mehrere Dutzende Sekunden unter dem Wasser, während ihm die Windel einen Auftrieb im Wasser gab und sein Herz dabei ruhig schlug. Mit einer nassen Windel legte er sich dann ins Bett und schlief mehr als acht Stunden. Es war für ihn der beste Schlaf seit sehr langer Zeit: „Tief und fest, frei von Sorgen oder zermürbenden Träumen. Es war wie befreiendes Schwimmen unter dem Wasser", so Herr M.

Analysieren, das Problem entdecken

In der dritten Sitzung reflektierte Herr M. und führte seine Empfindungen und Gedanken aus den beiden Einzelübungen davor zusammen. Er meinte, dass alle Übungen stimmig gewählt wurden und dass seine Gedanken und Empfindungen dabei gültig und richtig waren. Die Maßnahme des geplanten Fluges blieb aufrecht und wird von ihm mit Vorfreude und Spannung erwartet. Das Baden mit Windel und das anschließende Schlafen wurden zu einem

Ritual und an einigen Abenden der Woche von ihm erneut wiederholt.

Herr M. brachte zum Ausdruck, dass ihn die kunsttherapeutische Übung zum Traum sehr viel weiterbrachte, weil sie in allen drei Teilen die wichtigen Aspekte und Begriffe von Schutz, Sicherheit, passiver Unbeweglichkeit und Beweglichkeit, Unbehagen bzw. Angst miteinander in Beziehung setzte und auf eine höhere Bewusstseinsstufe stellte. „Ich kann mich nun leichter mit dem Flugunbehagen auseinander setzen und entspannter mit dem Babysein umgehen und besser darin aufgehen", sagte Herr M.

Zum Schluss bezeichnete er die gesamte Übung als einen Durchbruch für ihn, weil dieses Erlebnis das Potenzial in sich hat, „zu einem Mythos" in seinem Leben zu werden. Diese Erfahrung verglich er mit seiner Matura-Prüfung, bei der er als 18-Jähriger im Mai durchfiel, aber mit viel Lernen im Oktober des gleichen Jahres erfolgreich bestand. Daraus schuf er für sich den Mythos, dass mit genug Ehrgeiz und Konzentration Verlusten in Triumphe umgewandelt werden können. Mit den Worten: „Der Erwachsene und das Baby in mir bedanken sich sehr herzlich für dieses Erlebnis und für die wertvolle Erfahrung!", wurde die dritte Sitzung abgeschlossen.

4. Ergebnisteil

4.1 Interpretation und Analyse

„Die Traumdeutung ist in Wirklichkeit die Via regia zum Unbewußten,

die sicherste Grundlage der Psychoanalyse."

Sigmund Freud

Professor Dr. Schredl versuchte die Antworten zu der Frage „Warum wir träumen?" zu finden. Er beschäftigte sich damit sehr intensiv und meinte,

> „dass das Träumen in erster Linie der Problemlösung dient: Erstens greifen Träume auf frühere Szenarien zurück und selektieren für das zu lösende Problem Handlungsstränge. Zweitens werden neue kreative Möglichleiten für die Lösung eines Problems gesucht" (Täubner, 2016. S. 27ff).

Wichtig ist zu verstehen, dass hauptsächlich nicht die Nachtträume für die Traumarbeit zur Verfügung stehen, sondern das, woran sich die Person aus dem Traum erinnert (vgl. ebd.).

> „Die Botschaften aus den Träumen sind manchmal klar und deutlich, manchmal sind sie jedoch so voller Symbolik, dass die Interpretation auf den ersten Blick nicht möglich erscheint" (Täubner, 2016, S. 11).

Der Inhalt gerät in den Traum aus der Realität, denn „...er kann doch eigentlich niemals von der realen Welt los..." (Freud, 1998, S. 27). Die Menschen nehmen die Information von dem Traum als Grundstoff, der „entweder in der Sinnenwelt uns vor Augen getreten ist oder in unserem wachen Gedankengange irgendwie bereits Platz gefunden hat, mit anderen Worten, von dem, was wir äußerlich oder innerlich bereits erlebt haben" (ebd.).

Es kann sein, dass viele Details von einem Traum sehr spürbar sind und der Klient sich deutlich erinnert, was er träumte. Aber er kann sich nicht erinnern, ob er vielleicht etwas Ähnliches bereits früher erlebte (vgl. Freud, 1998, S. 28).

„Man bleibt dann im unklaren darüber, aus welcher Quelle der Traum geschöpft hat, und ist wohl versucht, an eine selbständig produzierende Tätigkeit des Traumes zu glauben, bis oft nach langer Zeit ein neues Erlebnis die verloren gegebene Erinnerung an das frühere Erlebnis wiederbringt und damit die Traumquelle aufdeckt" (ebd.).

Dann sollen die Betroffenen in Betracht ziehen, dass sie wahrscheinlich im Traum so etwas sahen, was sie schon im Wachen wussten und erinnerten, aber vergaßen (ebd.), da „...ein Traum ein Erlebnis ebenso vollständig wiederholt, wie unsere Erinnerung im Wachen es vermag" (Freud, 1998, S. 38).

4.1.1 Beispiel 1

Der Traum der Frau L. erzählt ihr eine Geschichte, die sehr deutlich zeigt, dass sie eine Entscheidung treffen muss. Sie träumte diesen Traum einige Zeit später nach ihrem Umzug aus Russland nach Österreich. Die Entscheidung umzuziehen traf und realisierte sie schon, aber ihre Wahrnehmung war dafür vielleicht noch nicht bereit. Deshalb kommt die Bearbeitung des Geschehenen im Traum vor. Es gab zwei Personen im Traum: Sie und vermutlich ihren

Ehepartner (diese Person erscheint im Traum undeutlich). Frau L. weiß nicht genau, wer das ist. Sie vermutet, dass es ihr Ehemann sein kann, weil sie sich während des Malens vom Traum an einen anderen Traum erinnerte: Im anderen Traum war sie im Auto mit ihrem Mann. Er fuhr das Auto sehr schnell und sie hatte dabei ambivalente Gefühle: *Einerseits vertraute sie ihrem Mann, andersseits hatte sie das Gefühl, dass etwas Schlimmes passieren konnte, wenn er nicht bremste. Sie stritten miteinander, sie konnte aber trotzdem nichts verändern. Er fuhr weiterhin sehr schnell. Sie musste das akzeptieren und einfach mit ihm ruhig und gleichzeitig unruhig weiterfahren.*

Obwohl es im Traum eine bestimmte Person (den Mann) gab, bedeutet das nicht unbedingt, dass sie ihrem Mann nicht vertraut. Das könnte bedeuten, dass es um das Vertrauen zu sich selbst geht.

> „Wo im Trauminhalt nicht mein Ich, sondern nur eine fremde Person vorkommt, da darf ich ruhig annehmen, dass mein Ich durch Identifizierung hinter jener Person versteckt ist. Ich darf mein Ich ergänzen" (Freud, 1998, S. 326).

Frau L. sah im Traum, dass sie in ihrem Inneren das Licht hatte, als ob sie das Licht vom Stützpunkt einsaugte und damit weiter ging. Diese Perspektive eröffnet die Möglichkeit zu vermuten, dass die Klientin auf der Suche nach einer Antwort war oder sich selbst ermutigen wollte, einen wichtigen Schritt zu tun. Das Licht könnte in diesem Fall als Symbol für ihren Mut sein. Sie fühlte, dass dieses Licht ihre Energie ist, die sie führt. Wenn der Traum mit dem Umzug verbunden ist, könnte das Licht vielleicht auch bedeuten, dass Frau L. endlich visuell akzeptieren konnte, wie viel Mut sie hatte, um sich für einen Umzug zu entscheiden. Sie hatte Angst, dass sie in einem fremden Land etwas nicht schafft (z. B. die neue Sprache zu lernen, eine Arbeit zu finden usw.). Sie hatte aber auch eine gewisse Vorfreude auf ihr neues Leben. Dies brachte ihr Angst und gleichzeitig hatte sie so viel Interesse daran. Am Anfang traf sie auf einige Schwierigkeiten – Umstände, die ihr noch ungewohnt waren: Sie verstand keine Sprache, hatte keine Freunde, war stark von ihrem Mann abhängig (Sprache, Geld, Umgebung). In ihrem Traum sah sie das alles, wie etwas Gefährliches: *Je weiter sie vom Stützpunkt gingen, desto mehr verstand sie, dass es sehr gefährlich ist, weiter zu gehen.*

Nachdem sie aber umgezogen war, war sie nicht mehr in ihrer Heimat und verstand, dass sie dort auch teilweise etwas verlor (mindestens ihre Arbeit): *Gleichzeitig war sie überzeugt, dass sie wahrscheinlich keine Menschen mehr finden, wenn sie zurückkommen.* All diese Gedanken brachten Frau L. zur Unsicherheit. Deshalb träumte sie zuerst, dass sie mit ihrem Mann im Auto fährt und kein Vertrauen zu ihm hat, weil er zu schnell fährt. Genauso war sie unsicher, ob sie in die Berge gehen sollen, und war überzeugt, dass sie ihm nur deshalb folgt, weil sie es nicht anders kann. So war es für sie am Anfang im fremden Land, sie sollte intuitiv ihrem Mann folgen, ohne zu verstehen, was und wozu sie das machte. *Unten wartete auf sie nur eine Unbekanntheit, aber es gab keinen anderen Weg. Sie mussten springen, um zu überleben.*

Was bedeutete dieser Sprung für Frau L.? *Sie hatten so viel Angst, aber noch mehr hatten sie ihre Entschlossenheit.* Im Gespräch kommt Frau L. immer wieder zur Geschichte mit dem Umzug, wie viel Kraft und Energie sie dazu brauchte, um diese Entscheidung für den Umzug endlich zu treffen. „Ein Traum bedeutet das, woran es erinnert", so Freud (Freud, 1998, S. 112).

Was bringt dann so eine deutliche Erklärung des Traums? Es wurde versucht, dies in der zweiten Sitzung zu entdecken. Frau L. benötigte einige Zeit, damit sie sich wieder in die Situation des Traums versetzen konnte. Sie sprach viel über ihre Familie. Das Thema „Umzug" kam wieder. Dieses Mal erzählte aber Frau L. über den Umzug, der kurz vor unserem zweiten Treffen erfolgte. Der Umzug erfolgte innerhalb der Stadt und war nicht mehr so stressig. Die Klientin hatte ein Bedürfnis, darüber zu sprechen. Sie war sehr zufrieden, sodass der ganze Prozess in guter Stimmung verlief. Außerdem war es für sie sehr symbolisch, dass sie in der Nähe von der neuen Wohnung einen schönen Platz fand, der genauso wie im Traum aussieht. Sie fühlte sich sehr wohl an diesem Platz und sagte, dass es ein gutes Zeichnen für sie ist. Eigentlich meinte sie, dass sie endlich in dieser Stadt einen Platz der Kraft fand. Während des Fotoshootings des Traums überlegte sie oft laut, wo und was sie fühlt. Als sie ging oder stand, kamen solche Wörter wie diese: „Hier fühle ich mich so unsicher... Wenn ich in diese Richtung gehe, ist es mir so unangenehm... Hier ist schon besser... Ich denke nach, ob ich ihm folgen soll... Naja, wenn ich ihm nicht folge, wird er ohne mich sterben... Er braucht mich... Ich habe keine Wahl und muss auch gehen!" Für eine kurze Pause saßen wir auf dem Rasen und sprachen. Zu dem Satz „Er braucht mich..." kam eine Geschichte über ihren Vater und dass sein Tod Frau L. viele Ängste mit sich brachte, die sie jetzt auf ihrem Ehemann überträgt. Denn ihr Mann erinnert sie sehr an ihren Vater. Sie hat Angst, dass ihm etwas passiert. Es könnte aber auch sein, dass sie sich bei der Sorge um ihren Mann mehr um sich und um ihre Tochter kümmert. Wenn sie sich überlegt, was mit ihr weiter passieren würde, wenn ihr Ehepartner tot wäre, dann kommt wahrscheinlich diese

Angst. Sie ist abhängig von ihm und wenn er nicht mehr da wäre, wäre es für sie und für ihre Tochter fast unmöglich, weiter in diesem Land so zu leben, wie es jetzt ist. Denn Frau L. kann noch nicht gut genug Deutsch und hat keine Arbeit. Es kann auch vermutet werden, dass sie diese Ängste noch vor dem Umzug nach Österreich hatte. In ihrer Heimat hatte sie eine gute Arbeit, eine Wohnung, Verwandte und Freunde, sie war unabhängig und frei. In Österreich ist nicht mehr unabhängig, hat aber andere Möglichkeiten und Rechte. Das ist auch etwas verwirrend, dass eine Frau sich sicherer fühlt, wenn sie alleine ist. Denn wenn sie von ihrem Mann versorgt wird, kommen Ängste: Was wird mit mir ohne ihn?

Frau L. deutet ihren Traum selbst so, dass sie ihm folgte, weil er sie brauchte. Wenn es die Angst vor der Realität gewesen wäre – „Was wird mit mir ohne ihn werden?" – dann folgte sie ihm im Traum vielleicht nur deshalb, weil sie große Angst hatte, ohne ihn zu bleiben? Während der Körperarbeit, besonders zum Schluss des Fotoprozesses, kamen neue Gefühle, wie z. B. in dem Fall „Moment des Sprunges". Im Traum und beim Malen hatte Frau L. ambivalente Gefühle zum Sprung. Sie wusste, dass sie springen sollte, war aber unsicher, ob sie danach lebendig bleibt. Sie hatte viel Angst davor und verstand gleichzeitig, dass es das Einzige war, was sie machen konnte. In der Fotosession war sie sehr ruhig, weil es in Wirklichkeit keinen Schnee gab. Sie sprang von einem Stein, der nicht so groß war, sodass sie nicht von einer großen Höhe springen musste. So eine Konstellation hatte einen ganz anderen Effekt. Für das Foto des Sprunges sollte Frau L. einige Versuche machen, um den Sprungeffekt auf dem Foto zu fixieren. Das machte sie gerne und mit Vergnügen, obwohl sie auch versuchte, sich in den Angstzustand zu versetzen. In diesem Moment hatte die Methode ihren therapeutischen Effekt: Der Punkt, der der Klientin Angstgefühle brachte, rief während der Körperarbeit viel Freude und Spaß hervor. Sie fühlte sich so frei und sorglos und hat sich wie ein Kind verhalten. Möglicherweise war dieser Moment der Wichtigste in der Traumbearbeitung.

Die dritte Sitzung eröffnete neue Perspektiven für die Traumbearbeitung. Vom Thema „Umzug" kommt Frau L. zum Thema „Kindheit" hinüber, genauer gesagt, zu der Geschichte „Erwürgungsversuch durch ihre Mutter". Ihre Tante erzähle Frau L. einst, dass ihre Mutter versucht hatte, Frau L. mit einem Kissen zu erwürgen, als sie noch ein Kind war. Die Klientin erinnert sich nicht daran, ob es so eine Situation tatsächlich gab. Ihre Mutter meinte, dass die Tante lügt.

Frau L. hat Klaustrophobie. Sie erinnert sich auch nicht, seit wann sie Klaustrophobie hat. Sie vermutet, dass ihre Tante eigentlich nicht lügt und sie deshalb in geschlossenen Räumen Panikattacken bekommt, weil unbewusste Erinnerungen an die Todesgefahr bei ihr blieben. Ein Luftmangel in engen Räumen bringt sie in einen instabilen Zustand. In diesem Zustand ist Frau L. unsicher, irritiert und schwach. Der Traum zeigte ihr sehr deutlich, dass sie sterben kann, wenn sie in den Schnee springt. Frau L. sah sich im Traum unter dem Schnee, sie konnte sich nicht bewegen. An den weiteren Traumverlauf erinnert sie sich nicht. In der dritten Sitzung versuchte sie, ihren eigenen Traum selbst zum Schluss zu bringen. Sie stellte sich unten dem Schnee vor, ihre Augen waren zu. In diesem Moment war es für sie sehr wichtig, einen Plan zu haben. Was macht sie weiter, wenn es überall nur Schnee gibt? Sie brauchte ein wenig Zeit, um sich zu beruhigen und zu überlegen, wie sie einen Ausgang aus dem Schnee finden konnte. Sie wiederholte laut, dass sie Ruhe braucht: *„Ich muss mich beruhigen, um zu wissen, was ich machen soll!"* Zu dem Satz entstand das Bild, auf dem sie sich selbst in der Kindslage und um sich herum einen Kreis malte. Damit beruhigte sie sich und wusste, was sie zuerst machen sollte. Sie versuchte das Licht zu finden. Zu diesem Licht machte sie sich im Schnee den Weg frei. Sie benötigte viel Kraft dafür, aber sie schaffte das und war endlich oben. Das Ergebnis ihres Weges spiegelte sich auf dem letzten Bild wider. Es gab auf dem Bild die gelbe Farbe, die für Frau L. ein Symbol des Lichtes und der Wärme bedeutet. Sie schaute das Bild an und sagte, dass es sehr harmonisch ist und dass sie jetzt versteht, wonach sie in ihrem Traum suchte. Frau L. meinte, dass der Traum ihr zeigte, wie sie in sich selbst Harmonie suchte. Der Mann im Traum ist ein Teil von ihr. Er lässt sie an sich selbst und an ihren Handlungen zweifeln. Sie musste diesen Teil in sich selbst realisieren und akzeptieren. Sie musste das Vertrauen zu sich selbst aufbauen und sich selbst respektieren. Sie hatte Angst davor. Im Traum sah sie diese Angst durch ihre Schwäche (Klaustrophobie unten dem Schnee). Im Traum konnte sie das nicht mehr schaffen und vergaß, was in dem Traum weiter geschah. Während der Bearbeitung kam sie aber zu einer weiteren Geschichte und fand heraus, wie sie sich helfen konnte. Der Weg zur inneren Ruhe ist ihr Ziel. Diese Ruhe und Harmonie in ihr drin geben ihr Kraft und helfen, alles zu schaffen. Frau L. meinte, dass sie sich mithilfe der Bearbeitung des Traums besser hörte und verstand. Sie war sehr dankbar dafür. Diese Ergebnisse bedeuten für beiden Seiten, sowohl für die Therapeutin als auch für die Klientin, sehr viel.

4.1.2 Beispiel 2

Da Frau A. viele Jahre lang einen sich wiederholenden Traum sah, könnte das bedeuten, dass sie sich lange Zeit mit einem bestimmten Thema beschäftigte (vgl. Vollmar, 2011, S. 122). Sie teilte die Wiederholungsphase des Traums in drei konkrete Ereignisse ihres Lebens auf: *Kindheit, Studentenzeit und Umzug nach Wien.* Vermutlich kam das Hauptthema mit den Veränderungen im Leben. Welches Thema ist das? Die Antwort wurde während der Arbeit gesucht und gefunden. Frau A. hatte sehr positive Emotionen vom Traum, interessierte sich aber sehr dafür, was ihr Traum bedeutet. Es war für sie im Traum sehr wichtig, einen Punkt zu finden, von welchem sie sich abstoßen konnte. Sie arbeitete mit den Gefühlen, die sie im Moment des Abstoßens hatte. Im Traum schaffte sie das leicht und ohne Stress, sie sprang und flog, stieß sich ab und war hoch im Himmel. Beim Malen war es auch einfach und angenehm, als ob sie mithilfe des Pinsels und der Farben fliegen konnte. Das Bild ist ihr gut gelungen, es war bunt und intensiv. Es gab viele Bewegungen auf dem Bild. Das Bild hat eine sphärische Form und eine Haftwirkung. Es befindet sich auf der Seite 74, Abb. 13.

Als Frau A. sich an jeder Stelle von dem Trauminhalt vorstellte, sprach sie sehnsüchtig über das Vatershaus: *Das Haus, das von ihrem Vater gebaut wurde, stand immer noch da. Sie konnte immer zurückkehren.* Das Dach dieses Hauses ist *eine Energiequelle für die ganze Familie.* Auf dem Bild ist das Vatershaus links. Aufgrund der Erzählung von Frau A. wäre es aber logisch, dass sich das Vatershaus vielleicht in der Mitte des Bildes befindet, an der Stelle, die als „Weg" bezeichnet ist. Visuell zieht die Mitte alles an. Warum zieht das Vaterhaus Frau A. so stark an, wurde in dieser Arbeit weiter analysiert. Als Frau A. sich als Weg vorstellte, sagte sie, dass die Menschen sie brauchen und *sie alle brauchen zu wissen, dass Frau A. da war.* Ob es ein unbewusster Wunsch ist, von ihnen akzeptiert zu werden? Deshalb sprang sie von einem Objekt zum anderen, damit sie allen zeigen konnte, was sie erreichte. Sie selbst analysierte es so, dass jeder Sprung wie eine Stufe für sie ist. Mit jedem Sprung sah sie, was sie erreichte. Von der „Baum-Rolle" kommt der Satz: *„Sie mochten die Menschen nicht, besonders, wenn sie von oben hinkamen und sich von ihnen abstoßen wollten."* Wenn es beim Thema „akzeptiert werden" geblieben wäre, könnte der Satz anders interpretiert werden: „Wenn die Menschen mich nicht lieben (nicht akzeptieren), liebt sie die Menschen auch nicht." Als Boot wiederholt Frau A. *„Die Menschen brauchen sie..."* Der Wunsch, gebraucht zu werden, eröffnet sich wieder. Damit die Klientin gebraucht werden kann, muss sie weiter etwas erreichen, um die Menschen zu überreden: „Schaut, was ich schaffte und was ich kann, ich kann meine Erfahrung weiter geben und für euch nützlich sein!" Dafür sprang sie weiter und als sie sich schwach fühlte, blickte sie zurück, um Kraft und Energie von ihrem Vaterhaus zu bekommen. Weil sie dort gebraucht, akzeptiert und geliebt wurde. Sie benötigt diese Gefühle, um weiter zu leben und zu springen. Wenn sie aber ihr eigenes „Vatershaus" in sich selbst finden könnte, müsste sie nicht mehr zurückschauen, um kräftig zu sein. Die Kraft hätte sie dann schon drinnen und es würde ihr reichen, die Kraft von sich selbst zu bekommen, ohne irgendwohin zu springen. Das war das Ziel der Therapie mit Frau A., obwohl sie selbst das nur zum Schluss verstand.

Im Fotoprozess war Frau A. auf die Sprünge konzentriert. Sie sprang viel und hoch und wollte noch höher springen, um die Gefühle zu bekommen, die sie im Traum hatte. In der Realität brauchte sie Kraft dafür, dass sie den Sprung ungefähr so, wie es im Traum war, schaffen konnte. Während der Körperarbeit kamen zu ihr in der dritten Sitzung die Gedanken, dass jeder Sprung für sie wie ein erreichtes Ziel ist. Nach dem Fotoshooting sagte sie nicht mehr, wie einfach sie in Traum sprang, sondern erzählte, dass sie mit jedem Sprung etwas schaffte. Der Unterschied ist nur, dass sie das im Traum körperlich anders fühlte, alles war leicht. Im realen Leben musste sie viel tun, damit sie alles, was sie im Leben schaffte, erreichen konnte.

Als sie im Gespräch während der dritten Sitzung zum Thema „Mein Herz im Vatershaus" kam, entdeckte sie im Dialog mit sich selbst, dass die Frau ihr gegenüber (eigentlich sie selbst) *„müde ist, weil sie viel Kraft für die Sprünge investierte."* Diese Vision von sich selbst könnte auch nach dem Fotoshooting gekommen sein, weil sie in der zweiten Sitzung körperlich arbeitete und relativ müde von vielen Sprüngen war. Während sie im Traum die körperliche Belastung nicht wahrnehmen konnte, hatte sie bei den physischen Übungen bzw. Sprüngen schon das Gefühl, dass es nicht so einfach ist, vielmals zu springen. Als Frau A. sagte, dass die Frau aus dem Traum müde ist, meinte sie nicht nur körperliche Müdigkeit, sondern auch den psychischen Zustand. Sie meinte, *„die Frau aus dem Traum einfach anhalten und nicht mehr zurückspringen soll."* Das könnte auch bedeuten: „Genug, ich kann nicht mehr!"

„Müdigkeit und Erschöpfung zählen zu den Grunderfahrungen eines jedes Menschen" (Noeker, 2007, S. 276). Es wird aber nicht immer sofort erkannt, dass es schon keine Kraft mehr gibt. Durch Schlafen und Erholung verstecken sich die Signale der Müdigkeit (vgl. ebd.). „Wenn

Müdigkeit und Erschöpfung ihre Signalfunktion verloren haben, erleben viele Personen sie als krankheitswertig und suchen nach Ursachen" (ebd.).

Der Körper zeigt deutlicher als die Psyche, dass man müde ist (vgl. Daszkowski, 2003, S. 10).

> „Der menschliche Körper ist an physiologische Prozesse und Bedürfnisse gebunden; wir haben Hunger und Durst, werden müde, krank und altern" (ebd.).

Frau A. beschrieb ihre Gefühle nach dem Fotoshooting so, dass sie sich frei und sorglos fühlte. Das Wichtigste von ihren Gedanken könnte dieser Satz sein: *„Ich war an diesem Tag frei, weil ich diese Stunde für mich selbst hatte,..."* Ob sie müde ist, weil sie für sich selbst eigentlich nichts macht? Sie erreichte verschiede Stufen: Schule, Universität, Umzug in ein fremdes Land, Lernen einer Fremdsprache, Studium im Fremdland, Tochtergeburt. Alle Schritte bringen ihr eine Bestätigung, dass sie alles brav macht, weiter so! Für wen macht sie diese Schritte? Ob alle ihre Ziele für das Vaterhaus sind, wohin sie nach jedem Erfolg schaut und auf eine Bewertung wartet: „Sehr gut gemacht!" Dazu sagte sie: *„Ich brauche immer diese Bestätigung von mir selbst: Ja, hier machtest du alles richtig (wie zu Hause), in diesem Fall muss es anders sein, so, wie es zu Hause war."* Frau A. sprach darüber in der dritten Sitzung: *„Ich fühle Stabilität und Sicherheit. Was auch geschehen mag, ich bin trotzdem dort..."* Zweifellos bedeutet das Vatershaus sehr viel für Frau A. Es könnte vermutet werden, dass es bei ihr ein Modell für „das richtige Leben" gibt, das so tief und stark in ihrem Verständnis bleibt. Was heißt aber „richtig"? Ob dieses Model genau so richtig für ihre Tochter ist? Sie verstand das selbst und sagte: *„Ich versuchte immer, meine Tochter dorthin mitzubringen, weil ich dachte, dass es der perfekte Platz für Kinder ist,*

als ob die Kinder nirgendwo ihre schöne Kindheit haben könn-
ten. Das Haus meiner Tochter ist aber hier, in Wien, und ich
muss ihr nicht meine Wünsche und Sehnsüchte aufzwingen.
Das verstehe ich jetzt so gut!" Das ist ein sehr gutes Zeichnen
für die Therapeutin, dass diese therapeutische Methode
eine gute Wirkung hatte und die Klientin in drei Sitzungen
sehr wichtige Momente in ihrem Leben sah und akzeptierte.

Zum Schluss der Therapie malte Frau A. ein Bild. Sie
benutzte dafür ein Foto vom Fotoshooting. Sie machte für
sich auf dem Bild einen Schutzrahmen. Das Bild befindet
sich auf der Seite 82, Abb. 15. Frau A. erklärte, dass sie jetzt
gut versteht, dass sie nicht mehr springen soll und sich an
diesen neuen Zustand gewöhnen muss, weil es für sie ein
Lebensmodell ist: „Springen = Erreichen". Sie braucht Zeit,
um zu lernen, einfach stehenzubleiben und in diesem Moment „hier und jetzt" ihre Ruhe und Zufriedenheit zu haben und davon glücklich zu sein, ohne Leistungen: „Weiter,
mehr, noch besser!" Der Schutzrahmen auf dem Bild bringt
visuell das Gefühl, dass sie nicht mehr weiter springt. Frau
A. gab für sich selbst einen kleineren Raum, der ihr passt
und genug ist, in diesem Raum zu bleiben und weiter zufrieden zu leben.

4.1.3 Beispiel 3

Der Traum von Herrn V. stellt für ihn ein Rätsel dar.
Auf den ersten Blick könnte es sein, dass es sich im Traum
um die Beziehungen zwischen ihm und seiner Partnerin
handelt. Diesen Traum träumte er tatsächlich in der Zeit,
als er nach einer Lösung für die Verabschiedung von ihr in
seinem realen Leben suchte. Wenn Träume die Realität
spiegeln, könnte es auch sein, dass eine intensive Beschäfti-

gung mit einem bestimmten Thema im Traum reflektiert wird (vgl. Vollmar, Lenz, 2009, S. 16).

Wenn der Traum nach Freud interpretiert würde, würde der Traum zeigen, dass Herr V. in seinem Traum eine Verabschiedung von der Frau durchspielte. Als ob es eine Probe vor dem realen Fall wäre. Freud schrieb dazu, „daß der Traum einen Wunsch als erfüllt darstellt" (Freud, 1998, S.136).

Die Entscheidung zu einer Trennung traf Herr V. wahrscheinlich schon, bevor er diesen Traum träumte. Der Traum erklärt ihm nur das, dass es nicht schwer ist, alles loszulassen, was ihm nicht passt. In diesem Fall wurde nicht nur die Beziehung mit der Frau gemeint, sondern allgemein alle Richtungen des Lebens. Außerdem gab es in seinem Leben mehrere Richtungen, die ihm zur Auswahl standen. Herr V. träumte aber einen konkreten Fall: Die Trennung von der Frau. Was bedeutet eine Trennung für ihn? Was ist eigentlich eine Trennung? Warum sah er seine Mutter, als er unwillkürliche Linien zeichnete? Das Bild „Die unwillkürlichen Linien" befindet sich auf der Seite 85, Abb. 16.

„Trennung ist eine spezielle Form des Trauerprozesses" (Zellerhoff, 2011, S. 39). Der Traum zeigt, dass Herr V. traurig war: *Einerseits war er traurig im Traum, dass sie nicht mehr zusammen sein können.* Herr V. meinte, *dass diese Frau im realen Leben in der „Mutter-Kind-Beziehung" sehr dominant ist* und er deshalb *einen inneren Konflikt wegen des Erziehungssystems in dieser Familie* hatte. Er sagte, dass ihm dieses Modell der Erziehung nicht passt und dass das auch ein Grund dafür war, warum sich ihre Beziehung nicht mehr weiter entwickeln konnte. Was macht das Kind aus dem Traum mit Herrn V. selbst? In der zweiten Sitzung fühlte er während der Körperarbeit bzw. Aufstellung, dass das Kind sich in der Mutter auflöste. Wenn jeder Trauminhalt eine Projektion des Klientes ist, könnte eventuell vermutet werden, dass Herr V. in seinem Traum seine eigenen Beziehungen mit seiner Mutter sah. Dann würde erklären, warum er sich plötzlich seine Mutter vorstellte, als er in der ersten Sitzung unwillkürliche Linien zeichnete. *Herr V. sah seine Mutter, die im Bett schlief.* Während unbewusster Bewegungen des Filzstiftes auf dem Papier schienen Emotionen zu kommen, die keine Verbindung zu dem Traum hatten. „Gefühle und Phantasien lassen sich oft besser durch Zeichnen und Malen als durch Sprache ausdrücken" (Watzlawik, 2013, S. 87). Die schlafende Mutter im Bett war ein sehr beruhigendes Bild für Herrn V. Ob es sein könnte, dass Herr V. unbewusst das Bild des Traums bzw. einen schwierigen Inhalt davon in seiner Imagination durch eine angenehme Projektion ersetzte? Die Mutter schläft, er kann leise weggehen und Obst kaufen: *Er schaute eine Sekunde, wie seine Mutter schlief. Er hatte ein sehr gemütliches Gefühl. Dann ging er hinaus und kaufte Obst.* Es kann vermutet werden, dass Herr V. in schwierigen Situationen intuitiv zu einem Modell des Familienlebens griff, um zu bestätigen, dass es so einen Lebensstill gibt und er einen anderen nicht akzeptieren will oder kann.

Herr V. meinte, dass er sein Ziel nicht erreichen würde, wenn er weiter in diesen Beziehungen bliebe. Wenn diese Situation weiterhin mit der schlafenden Mutter verglichen wird, dann könnte in diesem Fall vermutet werden, dass sein Ziel war, Obst zu kaufen. Er wollte so leise wie möglich aus dem Haus gehen, damit seine Mutter weiter schlafen konnte. Angenommen, die Mutter wäre aufgewacht, Herr V. wäre vielleicht zu Hause geblieben und dann wäre es für ihn nicht mehr möglich gewesen, Obst zu kaufen bzw. das Ziel zu erreichen. Die schlafende Mutter ist wie ein Ruhezustand. In Ruhe könnte er sein Ziel erreichen. Eine nicht schlafende Mutter könnte als Konfliktsituation angesehen werden. In dieser Situation wäre es unmöglich, das Ziel zu erreichen, weil solche Situationen keine Motivation für die weitere Entwicklung vom Herrn V. mit sich bringen.

Als zweite assoziative Imagination durch Zeichnen kam eine erotische Fantasie. Welche Verbindung könnte es zu der schlaffenden Mutter geben? Vielleicht übertrug das Bett die assoziativen Bilder. „Die Phantasie entspringt aus dem Leiden, sie ist kein freies Spiel, sondern ein Kompensations- und Abwehrmechanismus" (Tappenbeck, 1999, S.78).

In der Enzyklopädie der Psychologie von Erich Schröger und Stefan Koelsch steht für den Begriff „Fantasie" eine Erklärung, dass sie „viele kreative und alltägliche Funktionen, so auch beim Problemlösen und Entscheiden" unterstützt (vgl. Schröger, Koelsch, 2013, S. 405).

Nach Freud wurde das Wort „Phantasie" als „Vorbild der Tagträume" beschrieben (vgl. Laplanche, Pontalis, 1972, S. 390).

Im Vokabular der Psychoanalyse von Laplanche und Pontalis ist Fantasie ein „imaginäres Szenarium, in dem das Subjekt anwesend" und als „die Erfüllung eines Wunsches, eines letztlich unbewußten Wunsches" erscheint (vgl. Laplanche, Pontalis, 1973, S. 388).

Als Erklärung dafür, warum eine erotische Fantasie nach der Vorstellung der schlafenden Mutter kam, könnte vermutet werden, dass Herr V. zum Schluss der Beziehung mit der Frau aus dem Traum nach irgendwelchen angenehmen Momenten suchte, damit er sich von der Frau mit positiven Emotionen verabschieden konnte. Zuerst sah er die schlafende Mutter. Dieses Bild brachte ihm viel Freude und Ruhe. Er versuchte sich weiter in seinen Traum zu vertiefen. Vielleicht fühlte er während der Trennung von dieser Frau eine kommende Konfrontation und suchte intuitiv nach für ihn bequemen Erinnerungen als Schutz für seinen ruhigen Zustand, sodass dann in diesem Fall erotische Fantasien als Assoziationen entstanden.

Der Prozess, bei dem Imagination und Zeichnen parallel existieren, brachte ihn in einen meditativen Zustand. Als Herr V. seine Augen öffnete, sah er so aus, als wäre er aus einem Traum aufgewacht. Als ob er einen neuen Traum sah, der sehr intensiv war und viele Informationen hatte. Das wurde auf dem zweiten Bild bemerkbar. Es gab mehrere farbige Linien, die chaotisch und beweglich sind. Das Bild „Dialog mit sich selbst" befindet sich auf der Seite 86, Abb. 17.

Während des Zeichnens kamen zu Herrn V. Gedanken an Kinder, Beziehungen, eigene Ziele und Wünsche. Er überlegte, was er will und was er hat. Er sagte laut einige Sachen, die er schon lange wusste, aber vielleicht für sich selbst noch nicht genug akzeptierte, wie z. B., *dass unstabile Beziehungen ihn sehr stark aufhalten.*

Prof. Dr. Karl-Heinz Menzen schrieb in seinem Buch „Grundlagen der Kunsttherapie": „Die Zeichnungen dienen als Kommunikationsmittel, zur Lösung in den zuweilen verwirrenden Situationen" (Menzen, 2001, S. 163).

Auf dem Bild „Traumdarstellung", das sich auf der Seite 87, Abb. 18 befindet, versuchte Herr V. keine Geschichte des Traums zu zeigen, sondern eigene Gefühle dazu darzustellen. Zum Papier kamen wieder die Linien, die nicht interpretiert wurden. Der Wunsch von Herrn V. war, den Traum als eine Aufstellung durchzuspielen. Das wurde in der dritten Sitzung im Fotoprozess gemacht.

Das Fotografieren als Prozess war sehr theatralisch. Alle Rollen wurden von einem Schauspieler gespielt. Außerdem spielte er ohne Wörter. Die ganze Geschichte sah melancholisch aus. Es waren nur Geräusche von Bewegungen und Laute des Fotokamera-Verschlusses zu hören. Nach dem Fotoprozess berichtete Herr V. über seine Gedanken, Emotionen und Gefühle. Er hatte im Prozess ambivalente Empfindungen. Einerseits fühlte er sich in jeder einzelnen Rolle bequem, anderseits hatte er unangenehme Gefühle, sobald seine Helden in dem Verlauf aufeinander trafen und einen Augenkontakt aufbauten. Es gab einen Konflikt zwischen der Mutter und dem Kind. Es gab auch einen Konflikt bei Herrn V. mit sich selbst. Es könnte vermutet werden, dass er seinen eigenen inneren Konflikt im Traum auf den „Mutter-Kind-Konflikt" projizierte. Das Unterbewusstsein von Herrn V. wollte ihm vielleicht bildhaft zeigen, wie sein eigener Konflikt mit seiner Mutter aussieht. Für Herrn V. kam dann aber eine andere Antwort dazu: *Er verstand, dass er diese Situation sein lassen sollte. Das gehörte nicht mehr zu ihm.* Ob es ein Versuch war, den inneren Konflikt zu verdrängen, um ihn nicht mehr zu sehen und zu fühlen? Die Antwort auf diese Frage wurde in der dritten Sitzung gesucht.

Klare Antworten wurden aber bei dem letzten Treffen nicht gefunden. Herr V. war zum Schluss relativ verschlossen. Er erzählte über die Veränderungen seines Lebens und wirkte wegen dieser eigentlich sehr gestresst. Er war im

Umzugsprozess und begann langsam, sich von der Frau zu trennen. Herr V. fing an, sein Arbeitsprojekt zu entwickeln und war damit zufrieden. Er meinte, dass er während der Traumbearbeitung nicht passende Teile aus seinem Leben löschte und Zeit brauchte, um die neue Richtung des Lebens wahrzunehmen. Es gab das Gefühl, dass die therapeutische Arbeit mit Herrn V. noch nicht abgeschlossen wurde. Beide Seiten, Therapeutin und Klient, mussten dafür bereit sein, weiter zusammen zu gehen. Das wäre der Fall, bei dem entweder eine Pause in der Therapie notwendig wäre oder die Therapie einfach abgebrochen werden müsste.

4.1.4 Beispiel 4

Herr M. befand sich bereits seit fünf Monaten in der Kunsttherapie, bevor er mit der Traumarbeit begann. Es gab schon einen fundierten Hintergrund von verschiedenen Themen, die sich für die beschriebene Methode der Traumbearbeitung als sehr nützlich erwiesen. Beispielsweise waren das seine zu hohe Leistungsorientierung, die ihn zu sehr belastet, und das Gefühl, zu wenig auf seine eigenen Gefühle und Bedürfnisse zu achten, wodurch ein starker Wunsch nach Sorgenfreiheit herrscht. Der Klient war einige Wochen erkältet und musste deshalb den therapeutischen Prozess pausieren. Als er in den Kunsttherapieprozess zurückkehrte, erzählte er, dass er in letzter Zeit sehr intensiv träumte und im Krankenstand einen wiederkehrenden Traum sah. Es wurde ihm vorgeschlagen, mit dem Traum zu experimentieren und zu versuchen, diesen Traum mithilfe der untersuchenden Methode zu bearbeiten. Die Beziehung „Therapeutin - Klient" wurde bereits hergestellt, die es jedoch bei den ersten drei Beispielen nicht gab. Damit war es für beide Seiten einfacher zu arbeiten, weil es das

Vertrauen schon gab und die Therapeutin mit einigen Problemen des Klienten vertraut war.

Da Herr M. den gleichen Traum während seiner Erkältung einige Male sah, könnte vermutet werden, dass sein Körper auf den Prozess der Krankheit reagierte und diese Empfindungen durch den Traum signalisierte. Er hatte Fieber und schwitzte während des Schlafens. Der Körper war nass vom Schweiß und diese Körperempfindungen des Klienten könnten der Grund dafür sein, dass sein Körper im Traum ins Wasser untertauchte. Aristoteles beobachtete, wie die Reaktionen des Körpers von der Realität zum Traum übersprangen: „So träumt man, wenn ein Körperteil leicht erwärmt, dass man durch Feuer läuft und dessen Hitze spürt" (Holzinger, 2007, S. 94).

In diesem wiederkehrenden Traum kamen einige wichtige Teile des Lebens von Herrn M. zusammen. Die Landschaft im Traum ist für Herrn M. ein Symbol von etwas Gemütlichem und Angenehmem. Er sah in seinem Traum ein Vorbild des Paradieses: der weiße Strand, die Palmen und der Ozean. Es gab keine Menschen im Traum. Es könnte sein, dass Herr M. so einen gemütlichen und angenehmen Ort in seiner Realität sucht.

Vor einem Jahr war Herr M. einige Monate wegen Erschöpfung im Krankenstand. Er dachte damals viel über sein Leben nach. In einem Moment spürte er, wie viel Leistung er bringen musste und dass er dabei wenig auf seine Bedürfnisse und Gefühle achtete. Herr M. erinnerte sich, dass er als Kleinkind schnell erwachsen und selbständig werden musste. Er hatte das Gefühl, dass ihm die unbeschwerte und sorgenfreie Zeit eines Kleinstkindes fehlt und dadurch eine emotionale Lücke entstand. Herr M. erzählte, dass seine Eltern sehr fordernd waren. Durch diese Überlegungen hörte er in sich selbst hinein und fing an, die entstandenen „Lücken" zu füllen. Der Klient begann, Babydinge in sein Leben zu integrieren. Er schlief viel am Wochenende, fing an, Windeln zu tragen und Babynahrung zu essen. Babyprodukte gaben ihm Ruhe und Behaglichkeit. Dieser Zustand ist derzeit für Herrn M. angenehm und erholsam. Es könnte so interpretiert werden, dass Herr M. versucht, seine Kindheit ohne Eltern neu zu erleben. Er nahm einige Teile des kindlichen Lebens, um sie so durchzuspielen, wie es nicht für seine Eltern, sondern für ihn passt. Als Kleinkind musste er keine Leistungen bringen und konnte einfach klein sein. Das könnte als eine Auszeit von der Verantwortung und dem Stress aus der Erwachsenenwelt angesehen werden. Vermutlich sagte darüber sein Unterbewusstsein im Traum: *Er bewegte nur wenig die Arme und die Beine und schwebte unter Wasser.* Dieser Satz könnte bedeuten, dass Herr M. im Traum so tief in seine Wünsche versank, dass er es eigentlich schaffte, den Zustand eines Kindes im Bauch einer schwangeren Frau zu erreichen. *Er hörte keine Geräusche unter Wasser, denn der Ozean war ruhig und hatte kaum Wellengang.* Dazu könnte vermutet, dass sich ein Kind im Mutterbauch auch ungefähr so fühlt. *In diesem Ozean schwebte er eine längere Zeit und musste auch nicht auftauchen, um Luft zu holen. ... „Wie ein Fisch konnte ich mich unter Wasser halten und natürlich bewegen",* das alles könnte ein Zeichen dafür sein, dass er keine Belastung und Verantwortung mehr haben möchte. Er sah sich im Traum nicht nackt, sondern mit einer Schwimmwindel, was für Herrn M. ein Freiheitssymbol darstellen könnte. Er trägt die Windeln nicht deshalb, weil er physische Bedürfnisse dazu hat, sondern weil er die Babysachen eventuell für eine Bestätigung für sich selbst braucht, dass es keine Lücken mehr in seinem Leben gibt und er endlich frei und sorglos sein kann, was er, wie er meinte, in seiner Kindheit nicht hatte und es ihm deshalb fehlt.

Es ist allerdings ungewiss, ob diese Art des Zurückfallens nicht zu inneren Konflikten oder Schamgefühlen führen kann und ob dies tatsächlich in dieser Form von ihm akzeptiert werden kann. Fraglich ist auch, welche Folgen dieser Konflikt haben kann, wenn er nicht verdrängt wird.

Dieser Traum wurde als ein zusätzlicher Punkt der ganzen Geschichte bezeichnet, sodass Herr M. ihm den Titel gab: *„In einer Blase der Geborgenheit und Selbstsicherheit atme ich frei im Ozean des Unbegrenzten."*

Das Bild des Traums zeigte jeden Trauminhalt detailliert. Das war sehr passend für die weitere Arbeit, als Herr M. sich an jeder Stelle im Traum vorstellen sollte. Er hatte schon visuell einen Plan dafür und konnte sich sehr gut im Traum orientieren. Das Bild befindet sich auf der Seite 92, Abb. 20.

Jeder Trauminhalt hatte auf dem Bild einen bestimmten Platz. Bei jeder Rolle gab es bestimmte Gefühle. In der „Er"-Rolle fühlte sich Herr M. so, wie er sich in der Realität fühlen möchte. Auf der Suche nach diesen Gefühlen – frei, sorglos und ohne Leistungsdruck zu leben – kam er zu der Therapie. „Eine der umstrittensten Thesen der Traumtheorie Freuds dürfte die Behauptung sein, jeder Traum sei eine Wunscherfüllung" (Stephan, 1989, S. 150).

Seine eigene Kraft und Mut sah Herr M. in der Rolle von Wolken und Sonne, als er visuell sein Leben von oben wahrnahm. „Die Perspektive der Menschenstärken nimmt an, daß Menschen in ihrem Handeln immer dann, wenn ihre positiven Kapazitäten unterstützt werden, auf ihre Stärken zurückgreifen" (Herriger, 2006, S. 73).

In der Rolle „Palmen" fand Herr M. Liebe an sich selbst. Er war stolz auf sich, weil er einfach so war, wie er ist. Er wollte nichts an sich verändern, er brauchte keinen Ort zu wechseln. Herr M. war zufrieden, dass es ihn gab und er gar nichts machen musste, um menschliche Liebe zu haben. In dieser Rolle war es für ihn ausreichend, er selbst zu sein. Es ist zu vermuten, dass das einer der wichtigsten Momente in der Traumarbeit war. Der Klient kam während der Traumbearbeitung zur Erkenntnis dessen, was für ihn wichtig ist und was er machen könnte, um das Wichtigste zu erreichen: *„Ich stehe dort, wo ich stehen soll, ich muss nirgendwohin weggehen. Hier ist mein Platz und er passt mir sehr gut! Ich bleibe da, so wie ich bin!"* Wahrscheinlich hat er damit seine Bedürfnisse aus der Realität genannt. Für Herr M. ist es wichtig, von anderen Menschen so akzeptiert zu werden, wie er ist. Er verstand, dass er zuerst sich selbst akzeptieren soll. Daran arbeitet Herr M. seit ca. einem Jahr und meint selbst, dass er schon einige Fortschritte erreichte.

Als Wasser sah Herr M. seine positive Seite, die er als „helle Seite" bezeichnete: *„Diese Seite wollte nur Gutes meinen und machen und niemanden stören oder schaden."* In den früheren kunsttherapeutischen Sitzungen erzählte Herr M., dass es für ihn relativ schwer ist, jemandem „nein" zu sagen. Es könnte sein, dass der Wunsch von Herrn M., akzeptiert zu werden, zum Wunsch „für alle gut sein" führt. Deshalb sagt Herr M. oft „ja" statt „nein", weil er immer bereit ist, allen zu helfen, weil er gut ist, und wenn er gut ist, würde er akzeptiert. Falls Herr M. aber „nein" sagen würde, wäre es für die Menschen vielleicht unangenehm, wie Herr M. vermutet, und das könnte die Menschen stören. Als helles

Wasser im Traum möchte Herr M. niemanden stören. „Die Angst, jemanden zu stören, kann sich in den Wunsch verwandeln, von einem anderen etwas zu bekommen" (Boeckh, 2008, S. 217).

In der Rolle „Sand" verlor Herr M. einige Teile von sich selbst, was aber für ihn nicht dramatisch war. *Das, was passierte, akzeptierte er und war damit einverstanden.* Da sich Herr M. seit ca. einem Jahr mit dem Thema „Kinder - Erwachsene" intensiv beschäftig und versucht, seine Kindheit zu retten und diese zurück in sein Leben zu holen, könnte eventuell sein, dass diese Gedanken, dass er etwas verliert, zu seiner Kindheit gehören. Vielleicht akzeptiert Herr M., dass er schon ein erwachsener Mann ist und dass er seine Kindheit eigentlich künstlich durchspielt, sodass er einfach Zeit braucht, sich selbst als Erwachsenen wahrzunehmen und den Kindszustand nicht mehr so stark zu halten, sondern loszulassen und kein Gefühl mehr zu haben, dass er etwas verlor. Als Sand sagte er, dass er kein Gefühl hatte, dass er etwas verlor, obwohl er spürte, *als ob kleine Sandkörnchen im Ozean verschwunden waren.* Wenn Herr M. sein Thema so einfach loslassen könnte, damit bei ihm kein Gefühl mehr kommen würde, dass er eine Lücke in seiner Kindheit hat, wäre das ein großer Schritt in dem therapeutischen Prozess.

Es war für Herrn M. schwierig, sich in die Rolle „Berge" hineinzuversetzen. Obwohl die Berge auf dem Bild sehr deutlich gezeichnet wurden, meinte Herr M., dass sie *im Traum uneindeutig sind.* Das Thema „Uneindeutigkeit" kam schon in den früheren kunsttherapeutischen Stunden zu Herrn M. Für ihn ist es wichtig, alle Seiten des Lebens unter Kontrolle zu haben. Wenn etwas nicht klar ist, bereitet es Herrn M. Stress.

Der deutsche Psychologe Matthias Burisch stellte in seinem Werk „Das Burnout-Syndrom: Theorie der inneren Erschöpfung" die Frage: „Was macht eine Situation zur Stresssituation?" (Burisch, 1994, S. 51). Die Antwort darauf fand er mithilfe Lazarus (1966), der über drei Situationsattribute diskutierte,

> „die eine primäre Lageeinschätzung „bedrohlich" wahrscheinlicher machen:
> o ein überwältigendes Verhältnis von bedrohenden zu abwehrenden Kräften, das ich mit dem Begriff Dominanz- oder Kontrollverlust belegen möchte,
> o große zeitliche und räumliche Nähe zu einer Bedrohung,
> o Uneindeutigkeit oder Unberechenbarkeit einer Situation" (ebd.).

Die oben beschreibenden Attribute bringen die Menschen zu einem Zustand, in dem sie sich hilflos und frustriert fühlen (vgl. ebd.).

Die Berge im Traum könnten als Symbol zu diesem Zustand von Herrn M. gelten. Er zeichnete die Berge auf dem Bild, aber er wollte nicht in die Gefühle der Berge tief gehen, weil Herr M. diese Gefühle wahrscheinlich sehr gut kennt und sie ihn in einen niedergedrückten Zustand bringen würden. Mit einem unbewussten Verständnis dazu sagte Herr M., dass er keine Gefühle für die „Berge"-Rolle fand.

Der Wind war auf dem Bild uneindeutiger als die Berge. Im Traum spürte aber Herr M. den Wind sehr gut. In der „Wind"-Rolle fühlte sich Herr M. wohl. Er war sehr kräftig und hatte viel Energie für seine Kraft. Er konnte entscheiden, wohin er fliegen sollte. Außerdem war es für Herrn M. angenehm, dass er nicht nur eigene Richtung kontrollieren konnte, sondern auch die Richtungen für die

Wolken am Himmel und Wellen auf dem Wasser. Herr M. fühlte seine eigene Macht. Diese Gefühle könnten ein Zeichen dafür sein, wie wichtig es für Herrn M. ist, einen Einfluss auf seine Umgebung zu haben. Vermutlich fühlte Herr M. in diesem Fall, dass er von seiner Umgebung akzeptiert wurde.

Während des Fotospazierganges tauchten verschiedene Themen auf. Es wurde über Religion, Ängste, Wünsche, Kindheit, Beziehungen, Freiheit usw. gesprochen. Jedes Thema war miteinander verbunden. Beim Fotografieren war Herr M. ruhig. Es wurde ein passender Platz am Strand gefunden. An diesem Platz fotografierte Herr M. seinen Traum durch seine eigene Fokussierung des Trauminhalts, der für Herrn M. wichtig war. Er wählte den Moment vom Traum, als er im Wasser schwebte. Für diese Fokussierung benutzte er eine kleine Feder, die sich auf der Wasseroberfläche bewegte. Das Foto war im Endeffekt statisch, und es war nicht wirklich klar, dass die Feder sich im Wasser bewegte. Das Foto befindet sich auf der Seite 96, Abb. 21. Der Prozess der sich bewegenden Feder wurde aber nicht nur fotografiert, sondern auch gefilmt und der Film beruhigte Herrn M. in der dritten Sitzung und brachte mehr Wirkung als das Foto. Dieser Moment zeigt, dass es der nächste Schritt für die ganze Methode sein könnte, die Träume auch zu filmen. Vielleicht wird diese Idee bei der weiteren Entwicklung dieser Studie nachreifen. Das Hauptthema während des weiteren Spazierganges war „Flugangst". Herr M. hatte Zeit und viel offenen Raum, um einfach zu sprechen, ohne nachzudenken, warum er z. B. Flugangst hat oder warum er sich in einer unklaren Situation nicht wohl fühlt und es für ihn sehr wichtig ist, alles unter Kontrolle zu haben. Es könnte sein, dass einer von den Orten, an denen Herr M. auf jeden Fall keine Kontrolle selbst haben kann, ein Flugzeug ist. Das Gefühl „im Himmel schweben" ist anders, nicht wie im Traum „im Wasser schweben". Im Wasser liegt Herr M. und weiß, dass die Erde nah zu ihm ist und er selbst (wie der Wind) entscheidet, wann er vom Wasser zum Strand hinausgeht. Im Flugzeug gibt es keine Möglichkeit hinauszugehen, wenn er das möchte. Herr M. ist in diesem Fall von den Umständen abhängig. Das wird ihm vermutlich Angstgefühle bringen. Aus diesen Überlegungen könnte das Thema „Abhängigkeit" als Idee für weitere Sitzungen vorgeschlagen werden. Zum Schluss der dritten Sitzung wurde das Bild, das Herr M. in der ersten Sitzung zeichnete, fertiggestellt. Er brachte die neuen Komponenten (Flugzeug, Vögel, Fischer) zum Bild, die nicht interpretiert und bewertet wurden. Das Bild befindet sich auf der Seite 97, Abb. 22.

Laut Jung ist das Wichtigste in der Therapie, die Symbole zu definieren und zu deuten, ob die Symbole in der Traumarbeit, beim Malen oder in der Imagination erscheinen (vgl. Keller, Zurfluh, Widmer, 2017, S. 87). „In der Kunsttheorie findet man diese Überlegung vor wie folgt: Ein Künstler bringt seine Emotionen oder Erkenntnisse unter Nutzung einer bestimmten Formensprache in einem Werk zum Ausdruck" (Fuchs, 2011, S. 43). Das heißt, dass die Bedeutung des Schaffens zum größten Teil vom Autor bestimmt wird und alle anderen diese Bedeutung enträtseln müssen (vgl. ebd.). Diese Meinung der Kunsttheorie wurde akzeptiert, sodass das Bild des Klienten nicht bewertet und interpretiert wurde.

Als das Bild fertiggezeichnet wurde, meinte Herr M., dass keine weiteren Elemente kommen sollen, dass es ein abgeschlossenes Bild ist. Der Klient war damit zufrieden.

Es könnte sein, dass Herr M. in seinem Traum eigene innere gewünschte von ihm Welt sah. Vermutlich versuchte er zuerst ein harmonisches Bild durch den Traum zu bekommen, was er auch schaffte. In der ersten Sitzung zeichnete er das Bild dazu. Beim Spaziergang war dieses Bild lebendig und andere Inhalte von der Realität zeigten, dass Ängste, andere Menschen und spontane negative Gefühle in seine Realität kommen können und dürfen. Vermutlich bezeichnete Herr M. diese neuen Komponenten auf dem Bild als Flugzeug, Vögel und Fischer. Es wurde nicht gefragt und wird nur vermutet. Herr M. war mit dem Bild und mit den Gefühlen, die kamen, zufrieden und das war wichtig.

Außerdem war Herr M. von seiner neuen Idee, die zu ihm während der Arbeit kam, sehr inspiriert, denn er hat vor, bald nach Innsbruck zu fliegen, und findet für sich selbst diese Idee als eine Übung, in der er seinen eigenen Ängste begegnen kann und will.

Zum Schluss der zweiten Sitzung machte Herr M. eine körperliche Übung in der Badewanne allein. Das Ziel der Übung war, sich physisch im Wasser zu fühlen, den Körper zu entspannen und zu meditieren. Die Idee mit der Badewanne eignete sich nicht nur dafür, dass Herr M. seinen Traum körperlich erleben konnte, sondern auch für einfache körperliche und geistige Entspannung. Entspannung könnte sehr einfach erfolgen, dafür ist es manchmal genug, baden zu gehen (Reichl, Alexander, 2017, S. 193). „Die Muskeln lockern sich durch das warme Wasser und das Gehirn kann abschalten" (ebd.). Diese Übung brachte ein sehr nützliches Ergebnis: Herr M. schlief gut in dieser Nacht. *Es war für ihn der beste Schlaf seit sehr langer Zeit:*

„Tief und fest, frei von Sorgen oder zermürbenden Träumen", so Herr M.

Die zweite Sitzung war damit abgeschlossen.

Der dritte Teil wurde ohne kreative Arbeit durchgeführt. Herr M. brauchte Raum und Zeit, um zu sprechen. Für die weitere Arbeit nahm er für sich von der ganzen Methode das Thema „Flugangst" und war sehr glücklich und dankbar dafür, dass ihm gezeigt wurde, wie es manchmal einfach ist, sich körperlich zu entspannen. Es muss nicht immer nach etwas Besonderem oder einem Wunder gesucht werden, sondern es könnte genügen, ein- oder zweimal pro Woche ein bisschen Zeit für sich zu nehmen, um banale Sachen zu machen, wie z. B. Baden. Das Baden ist für Herrn M. zu einem weiteren Ritual geworden. Sobald das Baden als eine Übung aufgegeben wurde, begann der Prozess Baden für Herr M. eine ganz andere Bedeutung und Sinn zu haben. Diese einfache Übung brachte eine positive Wirkung und war für seinen Schlaf sehr hilfreich.

Des Weiteren kann vermuten werden, dass das Bedürfnis nach Leistung bei Herrn M. bleibt, weil es für ihn ein Modell aus seiner Kindheit ist. Er wuchs so auf und kann wahrscheinlich noch nicht anders leben. Wenn eine Aktion durch eine Aufgabe erfolgen soll und als eine Übung gemacht wird, wird es wahrscheinlich für Herr M. mehr Sinn in dieser Tätigkeit beinhalten, weil er dann denken wird, dass er etwas nicht einfach so schaffte, weil er das wollte und brauchte, sondern weil er ein gewohntes Gefühl haben wird, dass er eine Übung für jemanden machen soll. Ob diese positiven Veränderungen langfristig anhalten und es später nicht zu einer Regression in Therapie kommt, ist, wie bereits schon erwähnt, ungewiss.

Der Kampf „Erwachsener - Kind" braucht bei Herrn M. vielleicht noch Zeit, damit Herr M. sich besser hören und verstehen, eigene Bedürfnisse sehen und akzeptieren kann. Möglicherweise braucht er noch eine „Mutterhilfe", als ob die Mama ihm sagen würde, dass er baden gehen soll. Dann würde Herr M. das machen, was die Mama sagt. Er würde sich vielleicht wohl fühlen, wenn seine Mama mit ihm zufrieden wäre. Deshalb kann er wahrscheinlich den anderen Menschen nicht „Nein" sagen, weil er sich wohl fühlt, wenn sich andere Menschen mit ihm zusammen wohl fühlen. Herr M. braucht vielleicht noch Zeit, sich als einen Erwachsenen zu empfinden. „Erwachsen werden und sich als Erwachsen fühlen kann man letztlich nur, wenn man von anderen Erwachsenen als solcher bestätigt und anerkannt wird" (Maier, 2011, S. 219). Es könnte also bedeuten, dass Herr M. noch nicht genug Bestätigung und Anerkennung von den wichtigen Erwachsenen seines Lebens bzw. von den Eltern fühlte.

Aufgrund der gesamten durchgeführten Arbeit mit diesem Klienten lässt sich eventuell schließen, dass ein Leben, welches nur auf Leistung geführt wird, nicht unbedingt sehr glücklich macht, und dass es vielmehr darum geht, andere Anteile, die nicht im Widerspruch mit Erwachsensein stehen müssen, zu integrieren.

4.2 Zusammenfassung der Ergebnisse

Für den empirischen Teil der Arbeit wurde mehr als ein Jahr gebraucht. Die Forschung der Methode begann mit einer Selbsterfahrung. Es war geplant, dass ein Kapitel über die Selbsterfahrung geschrieben wird. Im Laufe der Forschung wurde verstanden, dass sich dieser Teil als sehr subjektiv erweisen würde. Deswegen wurde der Fokus auf den experimentalen Teil mit Probanden/Probandinnen gerichtet.

Allgemein wurde die Experimentalarbeit mit sieben Personen gemacht. Leider konnten wegen verschiedener Gründe nicht mit jeder Person alle Teile der Methode durchgeführt werden. Für diese Untersuchung wurden deshalb vier Personen gewählt, die an allen drei Teilen teilnahmen und zwar: zwei Frauen im Alter 33 bzw. 38 und zwei Männer im Alter 40 bzw. 47. Ein Teilnehmer und zwei Teilnehmerinnen sind Personen, die durch eine Anzeige „Probanden/Probandinnen gesucht" kamen, und bei einem Mann handelt es sich um einen realen Klienten der Kunsttherapie.

Das Ziel der Arbeit war, mithilfe der Nachtträume die Probleme, die die Realität stören, zu entdecken. Als Hilfsmittel dafür wurde im praktischen Teil eine Fotokamera benutzt. Die Träume wurden fotografiert.

Es wurden dazu drei Hypothesen gebildet.

1. Hypothese: Der Nachttraum ist ein Hilfsmittel, um das Problem in der Realität zu finden und zu akzeptieren.

Laut der gesammelten Erfahrung in der Traumarbeit von verschiedenen Autoren wie Freud, Jung, Adler, Perls und dank dem praktischen Teil dieser Arbeit konnte die erste Hypothese bestätigt werden. Alle Träume, die in dieser Studie bearbeitet wurden, halfen den Teilnehmern/Teilnehmerinnen, durch die Information aus dem Traum einige Themen in ihrer Realität zu entdecken.

Frau L. sah dank ihrem Traum, welche Schwächen sie hat und was sie machen kann, um das Problem zu bewältigen.

Bei Frau A. blieb ein sehr positives Gefühl vom Traum, zum Schluss der Arbeit weinte sie aber und entdeckte einen wichtigen Moment für sich selbst und hatte vor, damit weiter selbstständig zu arbeiten.

Herr V. fand die Verbindung zwischen seinem Traum und seiner Realität und hatte eigene Ideen, wie er die erhaltene Information für sein Leben benutzen kann.

Herr M. war schon in der Kunsttherapie und diese Methode stellte für ihn einen Teil vom ganzen Prozess dar. Er kam zu seinen Ängsten und wird damit weiter kunsttherapeutisch arbeiten.

„Nicht jeder Traum bedarf einer Lösung und nicht jeder Traum kann geklärt werden" (Fassen, 2013, S. 13). Alle analytischen Gedanken im Kapitel 6 wurden nur als Vermutungen gebracht. „Träume sind geheimnisvoll; nichts an ihnen ist sicher" (Gendlin, 2009, S. 17). Außerdem kann nur der Träumer/die Träumerin selbst seine/ihre eigenen Träume interpretieren und verstehen, hier ist es für die Therapeuten/Therapeutinnen sehr wichtig, statt subjektiver Interpretationen, Fragen den Klienten/Klientinnen zu stellen (vgl. Adam, 2006, S. 305). „Dem Träumer wird mehr Freiheit und Eigeninitiative gelassen, wenn wir als Therapeuten statt Deutung zu geben *Fragen* an ihn richten" (ebd.).

2. Hypothese: Intermediale Kunsttherapie kann als eine mögliche Form für die Traumbearbeitung gelten.

Die Methode schließt in sich drei Teile ein. In jedem Teil arbeiteten die Klienten/Klientinnen kreativ. Jedem von ihnen wurde die Möglichkeit gegeben zu malen, zu zeichnen, zu fotografieren und zu collagieren. Außerdem hatten alle Teilnehmer/Teilnehmerinnen während des Fotoprozesses in der zweiten Sitzung verschiedene Bewegungsübungen. All diese Bestandteile zeigen, dass der ganze Prozess kunsttherapeutisch war und die Traumbearbeitung im Rahmen dieser Methode als eine mögliche Form der intermedialen Kunsttherapie angewandt werden kann.

> „In allen künstlerischen Medien steckt ein Potenzial, das einerseits therapeutisch, anderseits zur Persönlichkeitsförderung und -entfaltung genutzt werden kann, wie dies z. B. in der Mal-, Musik-, Poesie-, Drama-, Tanz- und Bewegungstherapie geschieht" (Trüg, Kersten, 2013, S. 5).

Im kreativen Prozess wurden individuelle Ressourcen gesucht und gefunden, außerdem bekamen innere und äußere Welten der Menschen eine materiale Erscheinungsform (vgl. ebd.). „Die „Selbstaktualisierung" wird also durch Gestaltung gefördert" (ebd.).

3. Hypothese: Die Verkörperung der Nachtträume mittels Fotografie hat einen positiven Effekt, der hilft, den Traum mit dem Körper in der Realität zu spüren, folglich den Traum tiefer zu verstehen und besser zu deuten.

Alle vier Beispiele zeigen sehr deutlich, wie wichtig es in dem ganzen Prozess war, mit dem Körper zu arbeiten. In jedem Beispieltraum wurden die Körperbewegungen als Hilfsmittel zum Verstehen des Traums eingesetzt.

Was für Frau L. im Traum unangenehm war und wovor sie Angst hatte, brachte ihr in der Bewegung beim Fotoprozess Spaß und Freude und sie schaute diesen Trauminhalt anders an, sie wechselte ihre Perspektive zum Traumverstehen und, wie sie meinte, eigentlich teilweise zum Lebensverstehen, was für sie einen großen Schritt bedeutete.

Bei Frau A. war es umgekehrt. Was sie im Traum leicht machte, war durch die physische Erfahrung nicht so einfach zu realisieren. Dieses Verständnis kam zu ihr mit einem bestimmten Thema in der dritten Sitzung.

Für Herrn V. war die Erfahrung der körperlichen Arbeit wie ein Dialog mit sich selbst, in welchem Herr V. einige Antworten fand.

Herr M. fand die für ihn wichtigen Gefühle und Gedanken während des Spazierganges. Der Spaziergang entlang der Donau war für ihn als ein Element der Arbeit mit dem Körper. Nach dem Spaziergang badete Herr M. zu Hause, weil diese Aktion für ihn als Übung galt. In diesem Fall wurde die Körperarbeit durch eine physische Entspannung gemacht und zeigte ihre Wirkung durch einen guten und tiefen Schlaf.

Die Hauptfragen der vorliegenden Arbeit wurden im praktischen Teil während der Beschreibung des Prozesses beantwortet. Neue Ideen kamen während des Fotoprozesses, und zwar, dass es auch durchaus fördernd sein kann, wenn der Klient/die Klientin eigene Träume selbst fotografiert bzw. die Trauminhalte, wo es keine Klienten/Klientinnen, sondern einige Teile des Traums geben soll, damit die Klienten/Klientinnen ihre Perspektive für das Foto selbst wählen und bestimmte individuelle Punkte des Traums in Fokus setzen können. In diesem Fall wird die ganze Arbeit aus der Sicht des Klienten/der Klientin durchgeführt. Wenn jedoch die Klienten/Klientinnen von

sich selbst träumten, dann werden sie ihre Träume körperlich erleben und in diesem Fall von dem Therapeut/der
Therapeutin fotografiert, wie es im praktischen Teil dieser
Arbeit gemacht wurde. Demnach könnte sich dieses Thema
in weiteren Verlauf in zwei Richtungen entwickeln: Die
Klienten/Klientinnen   sind   wie   Schauspie-
ler/Schauspielerinnen, die eigene Träume theatralisch spielen, oder sie sind wie Regisseure/Regisseurinnen, die selbst
mit der Kamera arbeiten, um zu fotografieren oder zu filmen. In beiden Fällen sind die Klienten/Klientinnen Regis-
seure/Regisseurinnen für die Szenen von ihren Träumen,
die als ein Film oder ein Foto dargestellt werden sollen.

Durch die durchgeführte Arbeit wurde zur Kenntnis
genommen, dass es besser gewesen wäre, diese Methode
einige Wochen nach dem Therapiebeginn den Klien-
ten/Klientinnen anzubieten. Von den sechs Proban-
den/Probandinnen, die durch eine Internetanzeige gefunden wurden, beteiligten sich drei Personen an allen drei
Teilen. In einem Fall von sechs Personen gab es eine junge
Frau, die nach der ersten Sitzung keinen Mut fand, weiter
zu arbeiten, weil ihr Thema für sie zu schwer war. Zwei
Männer fanden keine Zeit für weitere Zusammenarbeit und
konnten auch nicht an weiteren Sitzungen teilnehmen. Für
den Klienten, der sich schon seit ca. sechs Monaten in der
Kunsttherapie befindet, war diese Methode sehr logisch
und angenehm, weil er keine Zeit investieren sollte, um
seine Geschichte zu erzählen und das nötige Vertrauen
dafür zu suchen. Außerdem sollte diese Methode auch nicht
zum Schluss der Therapie den Klienten/Klientinnen vorgeschlagen werden, weil das Ziel der Methode ist, während
der Traumbearbeitung ein Thema zu entdecken, an dem in
den weiteren therapeutischen Sitzungen gearbeitet werden

soll. Deshalb wären nach der Traumbearbeitung auch andere kunsttherapeutische Methoden notwendig, um die Betroffenen auf ihrem weiteren Weg zu begleiten.

5. Schluss

5.1 Ausblick und weiterführende Arbeit

In dieser Arbeit wurde betrachtet, wie Körperarbeit in der Traumbearbeitung eine wichtige Rolle für die Traumdeutung spielen kann. Die Verkörperung des Traums wechselt die Perspektive der Interpretation und des Verständnisses. „Wenn Sie einen Traum in Ihr Ganzes einfügen, über Ihren Körper, ändert sich das Ganze und wird zu etwas Neuem" (Gendlin, 2009, S. 49).

Im Fokus der Überlegungen standen mögliche Wege, die helfen sollten, den Klienten/Klientinnen Antworten auf folgende Fragen zu finden:

o Was bedeutet der Traum für den Träumer/die Träumerin?

o Welche Verbindungen gibt es zwischen seinem/ihrem Traum oder seiner/ihrer Realität?

o Wie könnten die Klienten/Klientinnen die Information aus dem Traum im realen Leben benutzen?

Einige Fragen wurden durch diese Arbeit nicht geklärt. Das sind die Fragen über die Grenzen der Therapeuten/Therapeutinnen, die diese Methode benutzen könnten. In der Einleitung wurde gefragt:

o Wie tief darf der Therapeut/die Therapeutin bei dieser Arbeit gehen?

o Wo sind die Grenzen des Therapeuten/der Therapeutin und des Klienten/der Klientin?

136

Im Prozess der Traumbearbeitung war es für die beiden Seiten (Therapeut/Therapeutin - Klient/Klientin) schwer, die Grenzen zu halten. Die Themen der Träume wurden tief und detailliert erforscht und analysiert. Es ist zu hinterfragen, ob die Grenzen durch die Therapeutin nicht zu sehr überschritten wurden und sie nicht zu viel versuchte, jedes Bedürfnis des Klienten/der Klientin zu erfüllen.

Deshalb ist es sehr wichtig, dass der Therapeut/die Therapeutin in der Lage ist, den Klienten/die Klientin so zu fühlen, dass nach dem Erreichen des durch die Therapie angestrebten Ergebnisses eine Evaluierung stattfindet, ob die Therapie abgeschlossen oder in einer anderen Form fortgesetzt werden soll.

Wünschenswert wäre eine Langzeitstudie, in der mehr Beispiele gesammelt werden können, um mehr aussagekräftige Ergebnisse zu bekommen und diese dann zu vergleichen und zu analysieren.

Die dargestellten Ergebnisse rechtfertigen die Aussage, dass die Methode „Das Verkörpern von Nachtträumen mittels Fotografie" als eine neue kunsttherapeutische Methode gelten könnte. Die Grenzen dieser Methode bestehen allerdings darin, dass sie hauptsächlich zur Problementdeckung und nicht zur Behandlung dieser Probleme verwendet werden kann. Außerdem bedarf sie weiterer Untersuchungen im Bereich „Psychotherapie", was auch ein Forschungsvorhaben der Autorin dieser Arbeit ist.

Literaturverzeichnis

Abram, Antje (2013). Gestalttherapie: Therapeutische Skills kompakt. Band 5, Paderborn: Junfermann.

Adam, Klaus-Uwe (2006). Therapeutisches Arbeiten mit Träumen: Theorie und Praxis der Traumarbeit. 2. Aufl., Heidelberg: Springer.

Ameln-Haffke, Hildegard (2015). Emotionsbasierte Kunsttherapie. Methoden zur Förderung emotionaler Kompetenzen. Göttingen: Hogrefe.

Barba, Patrizia (2015). Vergänglichkeit und Tod in der Fotografie am Beispiel von Roland Barthes' „Die helle Kammer". Hamburg: Diplomica.

Benedetti, Gaetano (2006). Symbol, Traum, Psychose. Göttingen: Vandenhoeck & Ruprecht.

Blothner, Dirk; Zwiebel, Ralf (2012). Kino zwischen Tag und Traum: Psychoanalytische Zugänge zu »Black Swan«. Göttingen: Vandenhoeck & Ruprecht.

Boeckh, Albrecht (2008). Methodenintegrative Supervision: Ein Leitfaden für Ausbildung und Praxis. Stuttgart: Klett-Cotta.

Bohn, Ralf (2004). Technikträume und Traumtechniken: die Kultur der Übertragung und die Konjunktur des elektrischen Mediums. Würzburg: Königshausen & Neumann.

Breyer, Thiemo; Buchholz, Michael B.; Hamburger, Andreas; Pfänder, Stefan; Schumann, Elke (2017). Resonanz - Rhythmus - Synchronisierung: Interaktionen in Alltag, Therapie und Kunst. Bielefeld: transcript.

Carl, Martina (2014). Kunst- und Gestaltungstherapie: aus tiefenpsychologischer Sicht. Hamburg: Bachelor + Master Publication.

Cave, Peter (2010). Nicht denken macht auch nicht schön: Gehirnjogging für Selberdenker, Welterklärer und Alltagsphilosophen. 2. Aufl., Köln: Bastei Lübbe.

Dammann, Gerhard; Meng, Thomas (2013). Spiegelprozesse in Psychotherapie und Kunsttherapie: Das Progressive Therapeutische Spiegelbild – eine Methode im Dialog. 2. Aufl., Göttingen: Vandenhoeck & Ruprecht.

Daszkowski, Alexandra (2003). Das Körperbild bei Frauen und Männern: evolutionstheoretische und kulturelle Faktoren. Magburg: Tectum.

Doidge, Norman (2017). Neustart im Kopf: Wie sich unser Gehirn selbst repariert. 3. Aufl., Frankfurt am Main: Campus.

Fassen, Mario (2013). Methodik der Traumdeutung: mit Symbollexikon. 1. Aufl., Norderstedt: Books on Demand.

Flöttmann, Holger Bertrand (2010). Träume zeigen neue Wege: Systematik der Traumsymbole. Verlag: Books on Demand.

Freud, Sigmund (1998). Die Traumdeutung. 8. Aufl., Frankfurt am Main: Fischer Taschenbuch.

Friebe, Cord (2005). Theorie des Unbewussten: eine Deutung der Metapsychologie Freuds aus transzendentalphilosophischer Perspektive. Würzburg: Königshausen & Neumann.

Fries, Wolfgang (2015). Philosophie des Lebens: Das Buch der Grundlagen. Verlag: BoD – Books on Demand.

Fuchs, Max (2011). Die Macht der Symbole: ein Versuch über Kultur, Medien und Subjektivität. München: Herbert Utz.

Gassmann, Christoph (2011). Träume erinnern: Eine Anleitung zu bewussterem Träumen. 3. Aufl., Norderstedt: BoD – Books on Demand.

Gendlin, Eugene T. (2009). Dein Körper - dein Traumdeuter: innere Achtsamkeit: mit Focusing Träume verstehen. Stuttgart: Klett-Cotta.

Hegerl, Ulrich; Althaus, David; Reiners, Holger (2006). Das Rätsel Depression: eine Krankheit wird entschlüsselt. 2. Aufl., München: C.H.Beck.

Herriger, Norbert (2006). Empowerment in der Sozialen Arbeit: eine Einführung. 3. Aufl., Stuttgart: W.Kohlhammer.

Hiebler, Heinz (2003). Hugo von Hofmannsthal und die Medienkultur der Moderne. Würzburg: Königshausen & Neumann.

Holzinger, Brigitte (2007). Anleitung zum Träumen: Träume kreativ nutzen. Stuttgart: Klett-Cotta.

Hutterer-Krisch, Renate (2013). Psychotherapie mit psychotischen Menschen. 2. Aufl., Wien: Springer.

Jäger, Jens (2009). Fotografie und Geschichte. Frankfurt am Main: Campus Verlag.

Jung, Carl Gustav (1997). Traum und Traumdeutung. 8. Aufl., München: Deutscher Taschenbuch.

Keintzel, Brigitta (2002). Wissenschafterinnen in und aus Österreich: Leben - Werk - Wirken. Wien: Böhlau.

Keller, Denise; Zurfluh, Hans Rudolf; Widmer, Romy (2017). Prozessorientiertes Therapeutisches Malen und Gestalten. Norderstedt: Books on Demand.

Klein, Susanne (2001). Trainingstools: 19 Methoden aus der Psychotherapie für die Anwendung im Training ; ein Nachschlagewerk für Trainer und Personalentwickler. Offenbach: GABAL.

Kounios, John; Beeman, Mark (2015). Das Aha-Erlebnis. Wie plötzliche Einsichten entstehen und wie wir sie erfolgreich nutzen. 1. Aufl., München: Deutsche Verlags-Anstalt.

Kraus, Werner (2007). Die Heilkraft des Malens: Einführung in die Kunsttherapie. 5. Aufl., München: C.H.Beck.

Kreuzer, Stefanie (2014). Traum und Erzählen in Literatur, Film und Kunst. Paderborn: Wilhelm Fink.

Kunde, Olaf (2014). Geschichte des modernen Fotojournalismus: Ursprünge und Entwicklung 1850 - 1990. Hamburg: disserta Verlag.

Kühn, Rainer (2012). Ich denke also bin ich nicht: Meisterschaft im Leben. Berlin: epubli.

Laplanche J., Pontalis J.-B. (1973). Das Vokabular der Psychoanalyse. 1. Aufl., Frankfurt am Main: Suhrkamp.

Lerner, Marion (2015). Von der ödesten und traurigsten Gegend zur Insel der Träume: Islandreisebücher im touristischen Kontext. München: Herbert Utz.

Lueger-Schuster, Brigitte; Pal-Handl, Katharina (2004). Wie Pippa wieder lachen lernte: Elternratgeber für traumatisierte Kinder. Wien: Springer.

Maier, Peter (2011). Initiation - Erwachsenwerden in einer unreifen Gesellschaft. Band I: Übergangsrituale. Münster: Edition Octopus.

Marlock, Gustl; Weiss, Halko (2006). Handbuch der Körperpsychotherapie. Stuttgart: Schattauer.

Menzen, Karl-Heinz (2001). Grundlagen der Kunsttherapie. München: Ernst Reinhardt.

Menzen, Karl-Heinz (2017). Heil-Kunst. Entwicklung der Kunsttherapie. Band 1, Freiburg, München: Karl Alber.

Mertens, Wolfgang (1999). Traum und Traumdeutung. München: C.H.Beck.

Muther, Richard (1922). Geschichte der Malerei. 4. Aufl., Berlin: Chryselius & Schulz.

Müller, Simone (2005). Sehnsucht nach Illusion? Klassische japanische Traumlyrik aus literaturhistorischer und geschlechtsspezifischer Perspektive. Bern: Peter Lang.

Müller, Stefan (2011). Logik, Widerspruch und Vermittlung: Aspekte der Dialektik in den Sozialwissenschaften. 1. Aufl., Frankfurt am Main: Springer.

Müller-Freienfels, Richard (2013). Psychologie der Kunst: Band II, Psychologie des Kunstschaffens und der Ästhetischen Wertung. 2. Aufl., Wiesbaden: Springer.

Noack, Winfried (2014). Träume, die das Leben deuten: Grundlagen einer wissenschaftlichen Traumdeutung. Berlin: Frank & Timme.

Noeker, Meinolf (2007). Funktionelle und somatoforme Störungen im Kindes- und Jugendalter. Göttingen: Hogrefe.

Pfaff, Emil Richard (1868). Das Traumleben und seine Deutung nach den Principien der Araber, Perser, Griechen, Inder und Aegyptier: für Gebildete aller Stände. Leipzig: Ludwig Denicke.

Pilarczyk, Ulrike; Mietzner, Ulrike; Klinkhardt, Julius (2005). Das reflektierte Bild: die seriell-ikonografische Fotoanalyse in den Erziehungs- und Sozialwissenschaften. Bad Heilbrunn: Julius Klinkhardt.

Prade, Alina (2009). Erinnern und Vergessen in „El Sur". Norderstedt: GRIN.

Pritzel, Monika; Markowitsch, Hans J. (2017). Warum wir vergessen: Psychologische, natur- und kulturwissenschaftliche Erkenntnisse. Berlin: Springer-Verlag.

Puritscher, Michael (2008). Bewusst sein: Entwicklung und Strategien des menschlichen Geistes. Wien: Böhlau.

Reichl, Alexander (2017). Mit der Macht der 4 Schritte Kopfschmerzen besiegen: Endlich wieder ohne Kopfschmerzen den Alltag genießen. Norderstedt: Books on Demand.

Rettenbach, Regina; Christ, Claudia (2014). Die Psychotherapie-Prüfung: Kompaktkurs zur Vorbereitung auf die Approbationsprüfung nach dem Psychotherapeutengesetz mit Kommentar zum IMPP-Gegenstandskatalog. 3. Aufl., Stuttgart: Schattauer.

Richter, Carsten (2013). Die Realität Der Träume = Die Welt Der Quantenmechanik. Norderstedt: BoD – Books on Demand.

Richter, Carsten (2013). Schlafen und Träumen, die Realität aus einer anderen Sicht: Die Wirkung der außersinnlichen Welt. Norderstedt: BoD – Books on Demand.

Richter, Kurt F. (2011). Erzählweisen des Körpers: Kreative Gestaltarbeit in Therapie, Beratung, Supervision und Gruppenarbeit. 2. Aufl., Göttingen: Vandenhoeck & Ruprecht.

Rüsseler, Jascha (2009). Neuropsychologische Therapie: Grundlagen und Praxis der Behandlung kognitiver Störungen bei neurologischen Erkrankungen. 1.Aufl., Stuttgart: W. Kohlhammer.

Schaub, Annette; Roth, Elisabeth; Goldmann, Ulrich (2013). Kognitiv-psychoedukative Therapie zur Bewältigung von Depressionen: Ein Therapiemanual. 2. Aufl., Göttingen: Hogrefe.

Schäfer, Randolf M. (2017). Der verborgene Sinn des Schicksals: Mit Astrosophie die Symbolik des Lebens verstehen lernen. 4. Aufl., Norderstedt: BoD – Books on Demand.

Schäfer, Thomas (2004). Was den Körper krank macht: Wege zur Gesundheit durch systemische Aufstellungen. München: Knaur.

Schimmel, Annemarie (1998). Die Träume des Kalifen: Träume und ihre Deutung in der islamischen Kultur. München: C.H.Beck.

Schmeer, Gisela (2007). Das Ich im Bild: ein psychodynamischer Ansatz in der Kunsttherapie. 4. Aufl., Stuttgart: Klett-Cotta.

Schmidt, Rainer (2005). Träume und Tagträume: eine individualpsychologische Analyse. 3. Aufl., Göttingen: Vandenhoeck & Ruprecht.

Schneider, Birgit (2015). Narrative Kunsttherapie: Identitätsarbeit durch Bild-Geschichten. Ein neuer Weg in der Psychotherapie. Bielefeld: transcript.

Schröger, Erich; Koelsch, Stefan (2013). Enzyklopädie der Psychologie / Themenbereich C: Theorie und Forschung / Kognition / Affektive und Kognitive Neurowissenschaft. Göttingen: Hogrefe.

Schulz, Daniela A.M. (2013). Körper - Grenzen - Räume: Die katalanische Theatergruppe »La Fura dels Baus« und ihre Performances. Bielefeld: transcript.

Schuster, Martin (2014). Kunsttherapie in der psychologischen Praxis: Mit therapeutischem Praktikum und Selbsterfahrungsanleitungen. Berlin, Heidelberg: Springer.

Schwalm, Bodo (2014). Gräber auf meinen Reisen. Band 2: Geschichte(n) und Erinnerung. Norderstedt: BoD – Books on Demand.

von Siebenthal, Wolf (1953). Die Wissenschaft vom Traum Ergebnisse und Probleme: Eine Einführung in die Allgemeinen Grundlagen. Berlin, Heidelberg: Springer.

Simon, Walter (2007). Gabals großer Methodenkoffer Persönlichkeitsentwicklung. Verlag: GABAL.

Slunecko, Thomas (2017). Psychotherapie: Eine Einführung. 2. Aufl., Wien: facultas.

Stegmaier, Werner (2008). Philosophie der Orientierung. Berlin: Walter de Gruyter.

Stekel, Wilhelm (2012). Dichtung und Neurose. Bausteine zur Psychologie des Künstlers und des Kunstwerkes. Verlag: BoD – Books on Demand.

Stephan, Achim (1989). Sinn als Bedeutung: bedeutungstheoretische Untersuchungen zur Psychoanalyse Sigmund Freuds. Berlin: Walter der Gruyter.

Stoppe, Gabriela; Bramesfeld, Anke; Schwartz, Friedrich-Wilhelm (2006). Volkskrankheit Depression? Bestandsaufnahme und Perspektiven. Berlin-Heidelberg: Springer.

Strigl, Sandra (2007). Traumreisende: Eine narratologische Studie der Filme von Ingmar Bergman, André Téchiné und Julio Medem. Bielefeld: transcript.

Strümpell, Ludwig (1874). Die Natur und Entstehung der Träume von. Leipzig: Veit & Comp.

Stumm, Gerhard (2003). Grundbegriffe der Personzentrierten und Focusing-orientierten Psychotherapie und Beratung. Stuttgart: Klett-Cotta.

Stumm, Gerhard; Pritz, Alfred; Gumhalter, Paul; Nemeskeri, Nora; Voracek, Martin (2005). Personenlexikon der Psychotherapie. Wien: Springer. ISBN 3211293965, 9783211293966

Tappenbeck, Inka (1999). Phantasie und Gesellschaft: zur soziologischen Relevanz der Einbildungskraft. Würzburg: Königshausen und Neumann.

Täubner, Claudia (2016). Lichtgespenster: Wie Träume dir deinen Weg weisen am Beispiel des Burnouts. Bonn: TWENTYSIX.

Temmen, Thies (2010). Warum es so viele Antworten auf eine Frage gibt. 2. Aufl., Norderstedt: BoD – Books on Demand.

Tempian, Monica (2005). „Ein Traum, gar seltsam schauerlich…" Romantikerbschaft und Experimentalpsychologie in der Traumdichtung Heinrich Heines. Göttingen: Wallstein.

Tillich, Paul (1987). Religiöse Reden. Berlin: Walter de Gruyter.

Trautmann-Voigt, Sabine (2009). Grammatik der Körpersprache: Körpersignale in Psychotherapie und Coaching entschlüsseln und nutzen. Stuttgart: Schattauer.

Trüg, Erich; Kersten, Marianne (2013). Praxis der Kunsttherapie: Arbeitsmaterialien und Techniken. 3. Aufl., Stuttgart: Schattauer.

von Uslar, Detlev (2010). Traum als Ereignis: Psychologie der Trauminhalte und Traumsymbole. Würzburg: Königshausen und Neumann.

Vollmar, Klausbernd; Lenz, Konrad (2008). Quickfinder Traumdeutung: Der schnellste Weg, Ihre Träume zu entschlüsseln. Verlag: Gräfe Und Unzer.

Vollmar, Klausbernd; Lenz, Konrad (2009). Traumdeutung. Verlag: Gräfe Und Unzer.

Vollmar, Klausbernd (2011). Das große Praxisbuch der Traumdeutung: Wie man seine Träume verstehen lernt. München: Knaur Taschenbuch.

Walsum, Elisabeth (2011). Und wo bleibt der Dank! Meine Psychotherapie in Träumen. Göttingen: Vandenhoeck & Ruprecht.

Watzlawik, Meike (2013). Kreative Entwicklung - Beschreiben, Verstehen, Fördern: Mit Beiträgen von und in Andenken an Werner Deutsch. Marburg: Tectum.

Wiegand, Michael H.; von Spreti, Flora; Förstl, Hans (2006). Schlaf und Traum. Stuttgart: Schattauer.

Zaudig, Michael; Trautmann-Sponsel, Rolf Dieter; Joraschky, Peter; Rupprecht, Rainer; Möller, Hans-Jürgen; Saß, Henning (2006). Therapielexikon Psychiatrie, Psychosomatik, Psychotherapie. Berlin, Heidelberg: Springer.

Zellerhoff, Ulrike (2011). Wege aus der Trennung: ein Ratfinder. Norderstedt: Books on Demand.

Internetquellen

Becker, Joachim (2014). „Salvador Dali (1904 - 1989)",
schlafkampagne, 26.04.2014;
https://schlafkampagne.de/schlafen/prominenten-
schlaf.php [09.10.2017].

Bolger, Tanysha (2013). „Ronen Goldman | Interview",
ezramagazine, 22.05.2013;
https://ezramagazine.com/2013/05/22/interview-ronen-
goldman/ [07.10.2017].

Firneburg, Ludger (1998). The Gestalt Journal Press;
http://www.gestalt.org/fritzgerm.htm [20.05.2018].

Irwish, Auszüge aus Erich Fromm's "Märchen, Mythen,
Träume",
http://www.irwish.de/Site/Biblio/Fromm/Mythen.html
[09.10.2017].

Jung, Carl. Webseite; http://www.carl-g-
jung.de/index.html [20.05.2018].

Kasten, Rouven (2015). Die Opern-und Ballettscouts der
deutschen Oper am Rhein, 28.05.2015;
https://opernscouts-operamrhein.com/2015/05/28/rouven-
kasten-uber-b-24/ [13.10.2017].

Keßler, Markus (2014). „Wir können Videos von Träumen erstellen", futurezone Technology News, 03.07.2014;
https://futurezone.at/science/wir-koennen-videos-von-
traeumen-erstellen/70.969.602 [13.10.2017].

Lomographytaiwan (2013). „Die surreale Neuerschaffung
eines Traums von Ronen Goldman", Lomography,
15.03.2013; http://www.lomography.de/magazine/228161-

die-surreale-neuerschaffung-eines-traums-von-ronen-goldman [07.10.2017].

Rainer, Barbara (2012). „Der Traum als Metapher zur Nutzbarmachung erzählter Trauminhalte im Kontext systemischer Psychotherapie", Systemische Notizen 04/12, Wien; https://www.lasf.at/wp-content/uploads/2017/01/SN_12_04_Rainer.pdf [14.06.2018].

Roots-the-doots.tripod http://roots-the-doots.tripod.com/dal_para.htm [09.10.2017].

Scott G., Leritz L. E., Mumford M. D., (2004). Strategie der Woche: Kreativität, 16.12.2008; https://www.wirtschaftspsychologie-aktuell.de/strategie/strategie_20081216_Kreativitaet.html [28.04.2018].

Universität Klagenfurt, Beiträge zur Philosophie, http://wwwu.uni-klu.ac.at/hstockha/neu/html/23phasen.html [14.06.2018].

Anhang

Abbildung 23: Das Originalbild „Traumdarstellung", Frau L.

Abbildungen 24-31: Fotoserie „Traum von Frau L."

Abbildung 32: Ein Foto für die Ruhesuche, Frau L.

Abbildung 33: Das Originalbild „Traumdarstellung", Frau A.

Abbildungen 38-43: Fotoserie „Traum von Herrn V."

160

Abbildung 44: Das Originalbild „Traumdarstellung", Herr M.

Eidesstattliche Erklärung

Name: Rinata Güttlein

Geburtsdatum: 12.01.1985

Ich versichere, dass meine Masterarbeit selbständig und ohne fremde Hilfe angefertigt wurde und nur die Hilfsmittel genutzt wurden, die im Text und in der Literaturliste zitiert werden. Alle von mir verwendeten Zitate aus Büchern oder aus dem Internet wurden in der Arbeit gekennzeichnet und in der Literaturliste verzeichnet.

Lebenslauf

Rinata Güttlein

E-Mail: rinata@guettlein.eu

Geburtsdatum: 12.01.1985

Geburtsort: Bischkek (Kirgisistan)

Familienstand: verheiratet, zwei Kinder

Ausbildung:

ab 03/2018: Universität Wien, Psychotherapeutisches Propädeutikum

10/2015-07/2018: Sigmund Freud PrivatUniversität Wien, Kunsttherapeutin, MA

09/2007-03/2009: Staatliche Universität für Kultur und Kunst, Kasan, Studienfachrichtung „Regie", abgebrochen wegen Umzug

09/2001-06/2006: Kirgisisch-Russische Slawische Universität, Bischkek, Dipl.-Historikerin

Fortbildung:

09/2017-02/2018: Fortbildungsveranstaltungen der 4. Psychiatrischen Abteilung, Otto-Wagner-Spital

Praktika:

08/2017-10/2017: Praktikum in Kunsttherapie, Otto-Wagner-Spital, 4. Psychiatrische Abteilung

10/2016-12/2016: Praktikum in Kunsttherapie mit autistischen Kindern, Kinderkompetenzzentrum Therapie Institut Keil GmbH

07/2016-08/2016: Praktikum in Kunsttherapie mit Flüchtlingskindern im Wohnheim Kundmanngasse 25, 1030 Wien

07/2016-08/2016: Praktikum in Kunsttherapie, Volontärin, Sozialwirtschaftliche Dienstleistungen für Menschen mit Behinderung „Assist"

Berufstätigkeit:

seit 01/2017: selbständig, Kunsttherapie, Gestaltung und Durchführung von privaten Kunsttherapiestunden

Sprachkenntnisse:

Deutsch (sehr gut), Russisch (Muttersprache), Englisch (gut)